Écrivain, c'est le seul métier,
avec l'art de gouverner, qu'on ose faire
sans l'avoir appris.

Alphonse Karr

INTRODUCTION

Ils sont quatre comme les cinq doigts de la main. Dans l'ordre des croissants :

Cami, qui régna dans l'entre-deux-guerres dont une drôle, Georges Feydeau à la Belle Époque des cocottes et des fiacres trottinants, Aurélien Scholl, sous le second Empire, le troisième ayant pu être évité, Alphonse Karr, au temps de cette bonne poire de Louis-Philippe.

Alphonse Karr est le plus grand. Il mesurait un mètre soixante-dix-sept. Aurélien Scholl est le plus féroce. Il se battit toute sa vie en duel, monocle à la main. Feydeau est le plus dilettante. Comme il aimait la peinture, il travailla comme un nègre à peindre des caractères. Quant à Cami, c'est le plus spatial. Le seul contemporain à servir dans les trompettes à Jéricho.

A eux quatre, ils ont symbolisé l'esprit et l'humour du Boulevard. Deux kilomètres de bitume, entre l'église de la Madeleine et la place de la République, avec ses restaurants, ses cafés à terrasse, ses théâtres, ses cercles mondains ; et pendant cent ans, ses Boulevardiers-vedettes.

Dès six heures du soir, ils s'attablaient, causaient, fumaient, sirotaient. Et surtout, décochaient leurs flèches – des traits d'esprit qui révélaient leur raison d'être. La cible était facile : des ruisseaux de flâneurs, de dandys, de bourgeois, d'enrichis qui promenaient leur ventre, de vaniteux qui étalaient leur croix, de cocus qui exhibaient leur femme...

« Elle est énorme !

– Oui, une vraie tour de mamelles !

– On la dit bonne musicienne, mais méchante langue.

– En somme un serpent à sonates ! »

La femme, objet de leurs saillies (d'esprit !), leur sujet favori, le plus apprécié, le plus goûté, le plus épicé de « mots ». Mais ils assaisonnaient aussi – c'est-à-dire assassinaient – l'amour, l'adultère, la politique, l'argent, qu'ils n'avaient plus, les confrères, qu'ils n'aimaient pas. Toujours avec la meilleure mauvaise foi. Pas de quartier ! L'objectif ? Ironiser, persifler, mordre, égayer, briller, railler. Laisser de soi une réplique, un « mot », un calembour à la postérité. Et malgré soi une ardoise :

« Patron ! prêtez-moi donc vingt louis. »

Flatté, le maître de *Tortoni*, du *Café anglais* ou de la *Maison d'or*, avançait l'argent, qui permettait de s'écrier en seigneur :

« Garçon, payez-vous ! »

Impayables, ces Boulevardiers !

A ces joutes quotidiennes, plusieurs s'étaient acquis une réputation. Les plus redoutables formaient l'aristocratie. Et recevant la palme, chacun à son époque, les quatre souverains : Karr « l'Aristophane moderne », Scholl le prince du Boulevard, Feydeau le roi après Molière, Cami le précurseur – créateur-inventeur, notamment, du canard à trois pattes, dont une en bois de lit. Image osée à la manière camique.

Karr avait une stature d'athlète, ce qui lui permettait d'écraser les imbéciles sous des maximes-massues. Et comme au temps où il parcourait le Boulevard avec Balzac, il portait la barbe en pointe, il s'en servait comme l'aiguillon de ses *Guêpes* pour harceler ses contemporains et leurs mœurs de boutiquiers.

A commencer par Louis-Philippe, ce « roi-bonhomme, qui règne comme la corniche autour du plafond ».

Karr ne ménageait ni la droite des conservateurs, ni la gauche des démolisseurs. Ni les paillasses, les jobards, les béjaunes, les fruits secs. Ni les faux républicains, les commerçants fraudeurs, les femmes à barbe féministes à tous crins. Ni les avocats sans cause qui vont vers la politique, les académiciens sans livres ; ni les médecins, qui s'ils consultent vous prennent dix francs, et quand ils sont ignorants font appel, confrèrent et vous prennent vingt francs. Rien de changé si ce ne sont les tarifs.

Les Boulevardiers, contemporains de Karr, ont en commun avec lui l'esprit de boutade, l'impertinence, la médisance, l'érudition. Et pour noms : Janin, Roqueplan, Commerson, Monnier, Murger, Roger de Beauvoir... Mais Karr, dans ses gros sabots de jardinier, possède en plus l'esprit de bon sens :

« Madame, je veux bien que vous rendiez mes amis fous, mais non que vous les rendiez bêtes. »

Et s'il n'était pas contre les femmes « immortelles », simplement il demandait la recette pour les tuer. A coups de cœur et d'aphorismes succulents comme des fruits à noyau.

Aurélien Scholl, en voilà un qui les assassinait. A petites phrases. Il aimait la société, avait horreur de la campagne, la grande musique l'assommait. Mais les boulevards, c'était lui. *Café de Paris, Café Riche, Vachette* et *Bignon*, les restaurants à la mode bornent son royaume où il exerce son pouvoir vrai. Autrement que le Pouvoir – qui ne peut rien.

Ses vassaux : Henri Rochefort, Edmond About, Charles Monselet, Edmond et Jules de Goncourt, Dumas fils, Banville, donnent de l'esprit au Boulevard. Scholl y ajoute le champagne de sa verve. Dirigé sur tout – plutôt contre tout – et tous.

« Monsieur Scholl, connaissez-vous le dernier livre du prince Lubomirsky ?

– Non, et personne ne connaîtra ce forfait de Lubo.

– Pourquoi l'appelez-vous Lubo ?
– Parce qu'il n'est ni lu, ni beau. »

Dans le mille ! Car en l'espèce, c'est exact : Scholl a le talent rare de faire fuser un « mot » à la minute. Parfois un mot de trop, sec, cinglant, définitif. Qui le mène sur le pré où, grand bretteur, il s'est battu dix fois. Cependant l'impulsif mousquetaire éprouvait une peur bleue. Malgré cela, pour un feu d'artifice d'épigrammes agaçantes mais superbes, il continuait d'être rosse et rossé. Il a joué sa vie pour des effets, le panache. Et ce rôle, il l'a tenu plus longtemps qu'aucun autre. Jusqu'à être à bout de fiel. Le jour où il s'est acheté, à Étampes, une propriété, les fourmis ont taraudé son esprit – et il a été perdu pour le Boulevard.

Mais déjà un autre prince assure la relève. Au milieu d'une génération nouvelle, *Feydeau* lance une réplique, et les échotiers lui font un sort. Et ses amis, auteurs en vogue, artistes fameux : Allais, Capus, Guitry (Lucien), Willy, Desvallières, Caillavet, de Flers, Renard, Courteline, Tristan Bernard, échangent eux aussi des sentences pétillantes de malice boulevardière. Et des regrets.

« Ah ! Partir en voyages de noces... tout seul !
– Il faut donc se résoudre à prendre femme.
– La femme de qui ?
– Il n'y a malheureusement pas de remèdes de bonne femme contre les mauvaises.

– La vertu, tout est là. Seulement elle me fait l'effet de la Bretagne : c'est beau, mais c'est triste.

– Cependant la Bretagne, elle est utile aux peintres.

– Méfiance ! Les aquarelles peintes à l'eau de mer se gondolent à l'époque des grandes marées. »

Cette anthologie vivante se poursuit, en dévorant du regard les passantes du boulevard. Et ceux qui les subventionnent, avant de se tirer d'affaire en se tirant une balle dans la tête.

« Tiens ! Je la croyais veuve...

– Oui, pour l'instant. »

Le temps de recharger son esprit :

« On entendrait voler une montre.

– Messieurs, il n'est si bonne compagnie qui ne se quitte... comme disait François Ier en flanquant ses chiens à l'eau. »

Dernier cigare, dernier verre, la confrérie des Boulevardiers abandonne au seigneur son droit d'entrée chez *Maxim's*. Retrouver sa dame, sa trame, les jouisseurs du moment : sa future comédie. Là, nonchalant, Feydeau puisait ses observations. En désabusé car « la vie est courte mais on s'ennuie tout de même ». Désenchanté, il connaît son monde, le grand et le demi. Et ses interprètes, en mal de publicité :

« Lorsque j'aurai affaire à une cabotine, bien entendu, je l'autoriserai à agir au mieux de ses intérêts. »

Cela dit droit dans les seins. De quoi freiner les

tentations. Une ironie amère qu'il transpose de la vie à la scène – et miracle ! le public éclate de rire. Ce public à qui il fait l'aumône de ses bons mots, comme aux mendiants sourds-muets :

« Je leur donne, parce que j'ai peur qu'ils m'engueulent. »

Feydeau continue Molière, *Cami* naît de Cami. Les autres, Chaplin en tête, s'en inspirent. Cami c'est le genre martien, gentiment subversif. De l'esprit si l'on veut, mais absurdement logique. Une ligne droite un peu courbe, du macabre désopilant. Des gags, où burlesque et humour vous transportent dans le cosmique-comique-camique avec une aisance d'ascenseur. Tout Cami est là : l'impossible est très naturel. D'ailleurs, qui n'a pas dans sa famille un parent à la tête de veau ? Qui n'a pas perdu sa femme dans le ventre d'une baleine ? Vous n'avez pas vu la veuve-du-broyeur-de-noir ? A quoi serviraient les enfants rougeoleux, si ce n'était comme disques rouges pour arrêter les trains ? Sans parler des derviches tourneurs utilisés comme ventilateurs. Donc Cami est d'un commun total. Simplement un peu original, unique. Comme Dieu. Avec qui il discute en toute modestie, comme aussi avec Néron, Guillaume Tell, Madame Borgia. Que du beau monde, le monde de Cami. Imaginaire, jubilatoire, truculent, à l'emporte-pièce, fait de thèses, d'hypothèses et de parenthèses. Et en cela il est Boulevardier. Une espèce aujourd'hui remplacée sur le boulevard par des automobilistes, qui fument, sirotent de l'essence – mais ne pensent pas.

Ces quatre auteurs offrent un aspect particulier des styles, genres et systèmes du Boulevard : l'esprit de bon sens pour Alphonse Karr ; l'esprit de bataille pour Aurélien Scholl ; l'esprit de la scène pour Georges Feydeau ; l'esprit burlesque pour Cami.

Au total les quatre parties de l'esprit, comme on dit les cinq parties du monde.

C.-A. K.

ALPHONSE KARR

« Qu'est-ce qu'une comédie à tiroirs ?
– C'est une comédie commode ! » répond l'élève Jean-Alphonse. Tout Alphonse Karr est là. De l'esprit au tac au tac. Celui qu'on allait surnommer « l'Aristophane moderne » écopait déjà du cachot pour impertinence.
Né à Paris le 24 novembre 1808, il est placé à treize ans, après une enfance buissonnière au collège Bourbon, l'actuel lycée Condorcet. Fantaisiste, batailleur, fugueur, il n'en est pas moins brillant en grec et latin. Deux langues mortes qu'il assassinera pourtant plus d'une fois. A seize ans il est renvoyé du collège pour une rixe avec un professeur. Le voilà sans le sou, sans logis. De surcroît amoureux de Camille, une voisine de son âge. Une passion platonique qui le pousse à écrire. Beaucoup, de tout. En particulier des nouvelles dans le style de Rabelais, jetées le soir à la sauvette dans la boîte du tout jeune Figaro. *Et un matin de juillet 1829, divine surprise : le journal est entièrement composé de ses articles, miracle dû à une grève des rédacteurs.*

« Surtout pas de vers » a prévenu le directeur. Il voulait être poète, il sera journaliste. Pourquoi pas aussi romancier ? Le titre, l'idée, la trame lui apparaissent en une nuit. Ce sera Sous les tilleuls, *un roman fiévreux racontant sa passion toujours vive pour Camille. A la moitié de l'œuvre il court lui demander sa main... Elle vient de se marier. Douleur terrible dont il emplit la fin du livre. Dès sa sortie, le succès de l'ouvrage est énorme.*

En plein romantisme, à vingt-quatre ans, Alphonse Karr est lancé. Les romans et les femmes se succèdent. Parmi ses maîtresses, Juliette Drouet, avant que Hugo ne lui ouvre les bras. Alphonse Karr n'est pas beau, cheveux ras, grandes oreilles, « une tête de forçat », selon les Goncourt. Mais élancé, bien découplé, ayant de l'esprit, il séduit. Il écrit dans les journaux. Les salons le recherchent. Ses livres au ton très personnel, où une peinture réaliste de la nature tient une place prédominante, séduisent en majeure partie les lectrices. Les rééditions attestent de la vogue de Fa dièse, Vendredi soir, Le chemin le plus court, Geneviève. *Ses amis sont alors Hugo, Dumas, Balzac, Gavarni, Nerval, Gautier, Nadar, Eugène Sue, Sandeau... Des amitiés solides qui dureront pour certaines un demi-siècle.*

Entre-temps, il se laisse marier. Ménage vite brisé que ne raccommode pas la naissance d'une fille qu'il ne reconnaît pas. Période noire, jusqu'à la prison pour dettes. Alphonse Karr fuit Paris. Il se réfugie dans une bourgade quasi désertique, Étretat.

Là, il écrit, pratique la pêche en professionnel, cultive un

extraordinaire jardin. Quelques mois rédacteur en chef du Figaro, *il l'abandonne pour fonder sa propre revue,* Les Guêpes, *le meilleur de la verve d'Alphonse Karr.*
Dès le premier numéro en novembre 1839, il crée l'événement. Les Guêpes *sont partout, parlent de tout, de tous, sans parti, sans parti pris, mais non sans risques : coup de couteau d'une Muse, duel avec Walewski, lot mensuel d'injures...*
A Étretat Alphonse Karr devient la personnalité qu'on visite. Tant d'admirateurs et de relations, ses livres, ses articles, font de l'humble bourgade une station à la mode.
En 1848, son ami Lamartine – il en sera quelques mois le secrétaire-conseiller officieux – l'incite à se présenter en politique. Républicain de toujours, il est battu par des républicains de circonstances. Il se retire dans son jardin. Il dénonce Napoléon III dans le Prince-Président. *Et quand celui-ci se couronne, il part. D'abord à Gênes, puis à Nice, alors dans les États sardes. Il emmène sa compagne, et Jeanne, sa fille naturelle de onze mois.*
Malgré sa réputation de polémiste, journaliste, romancier, Alphonse Karr se rend compte de sa fragilité financière. Il a l'idée de se transformer en jardinier par la culture, et le commerce des fleurs coupées – jusqu'alors importées de Gênes – niçoises. C'est bientôt une réussite européenne. Il expédie ses bouquets vers une riche clientèle, se crée de nouveaux amis, les rois de Belgique, d'Italie, le prince de Suède, Garibaldi, l'empereur du Brésil. De nouvelles amitiés littéraires s'ajoutent

aux anciennes : George Sand, Ponsard, Banville, Dumas fils, il rencontre des musiciens, des peintres... Tout en continuant d'écrire, deux tentations théâtrales, et de gagner des sommes confortables – piètrement gérées. On peut être homme de bon sens et ne pas avoir le sens de l'argent. Son entreprise dure jusqu'en 1867. Quinze années d'une existence de monarque de l'esprit dans une ville qui se modernise à vue d'œil. Mais l'expropriation de ses jardins et l'afflux d'habitants nouveaux l'incitent à quitter Nice. Il se réfugie dans un port de pêche aussi inconnu qu'Étretat l'avait été naguère : Saint-Raphaël. A deux pas de la mer il achète une petite bâtisse, ancienne fabrique de savon, dans un vaste espace qu'il défriche. Il l'appelle Maison close. *Il y reprend ses* Guêpes *nouvelle formule, stigmatise la guerre qui se prépare, cette « ânerie criminelle », s'insurge contre « Maître Gambetta » – et tous les avocats politiques, publie livre sur livre. A la fin de sa vie il en totalisera soixante-dix-sept. Physiquement il s'est transformé, solide vieillard à barbe de Neptune, jardinant, pêchant, accueillant des visiteurs illustres.*

Une fois encore le phénomène Karr se reproduit. Par ses articles, ses ouvrages, sa personnalité, ses relations, il place Saint-Raphaël au centre de la curiosité publique. Octogénaire, il repousse les ans. Pas les femmes. Cet amoureux perpétuel a conservé un cœur romantique. Seul le corps ne suit plus. Quand il s'obstine à jouer au jeune homme sous une averse d'orage de septembre 1890, huit jours suffisent à l'emporter. Il avait noué des relations d'amitié dans toute l'Europe. Mais d'aucuns ne lui pardonnaient pas ses attaques de franc-tireur, indépendant des rouges et des blancs. A son enterrement officiel voulu par la municipalité de Saint-Raphaël, quatre mille personnes se pressent. Quatre cents journaux parlent de lui. Plus ou moins tendrement. Le Tout-Paris pense qu'il lui joue encore un mauvais tour. Le cimetière raphaëlois où il repose porte son nom (coutume locale envers le premier dormant). Une statue lui est érigée en 1906. Après Nice, en 1933 la capitale s'offre une rue Alphonse-Karr dans le 19e arrondissement et Saint-Raphaël un collège, en souvenir du bouillant élève. Depuis, on réimprime celui qui considérait que « s'il reste quelque chose de moi, ce sera six ou huit petites phrases ». Modestie. Dans les anthologies, bon nombre de ses aphorismes, plus que jamais actuels, ruissellent encore, attestant de la sagacité de son esprit.

L'argent a son mérite, je ne trouve ennuyeux que les moyens de l'avoir.

*

On dit : il n'y a plus d'argent. C'est une sottise. Pour dire vrai, il faudrait dire : il n'y a plus *que* l'argent.

*

Les apôtres deviennent rares, tout le monde est Dieu.

*

Une musique sans mélodie est comme une perdrix aux choux qui ne se composerait que de choux.

*

Abolissons la peine de mort, mais que messieurs les assassins commencent.

*

Défiez-vous des mots sonores : rien n'est plus sonore que ce qui est creux.

*

N'ayez pas de voisins si vous voulez vivre en paix avec eux.

*

L'Académie est le prix de l'obstination. Elle n'est pas pour celui qui arrive le premier, mais pour celui qui court le plus longtemps.

*

En France la justice est gratuite. C'est vrai, mais la procédure est ruineuse.

*

La politique est l'art de profiter des sottises des autres et de s'en faire des rentes.

*

Les sots sont un ennemi toujours supérieur en nombre.

*

Il ne serait pas mauvais de nommer des écrivains à l'Académie.

*

Certaines personnes mettent une fleur rouge à la boutonnière. A vingt mètres on les prend pour des décorés, à deux pas ce ne sont plus que des imbéciles.

*

Un homme d'affaires est un monsieur qui a pour état de faire ses affaires dans les vôtres.

*

On peut en France ne jamais changer les choses, pourvu qu'on change les noms.

*

Le pouvoir a ceci de particulier à l'époque où nous vivons, c'est qu'il ne peut rien.

*

Je divise les hommes qui se sont disputé et arraché les places en deux classes : ceux qui ont rencontré les galères à mi-chemin du pouvoir et ceux qui ont trouvé le pouvoir à mi-chemin des galères.

*

Il y a quelque chose en trop dans tous les pays : ce sont les habitants.

*

Les avocats s'intitulent fastueusement défenseurs de la veuve et de l'orphelin – mais il n'y aurait pas besoin d'avocats pour les défendre s'il n'y en avait pas d'abord pour les attaquer.

*

Le poète souverainement dangereux est celui qui a de quoi vivre, qui est fonctionnaire retraité, et qui risque avant de mourir de nous faire mourir d'ennui.

*

Entre tous les ennemis, le plus dangereux est celui dont on est l'ami.

*

Cette maladie de notre époque : beaucoup de démolisseurs, point d'architectes ni de maçons.

*

« Dites-moi donc, ma chère, depuis quand les jeunes gens de vingt ans sont-ils si ridicules ?
– Mon ami, c'est depuis que vous avez quarante-cinq ans. »

*

En France on parle quelquefois de l'agriculture, mais on n'y pense jamais.

*

On reconnaît volontiers les services et la gloire des gens quand ils ne sont plus là pour en profiter et qu'on peut s'enorgueillir et humer l'encens en leur lieu et place.

*

J'aime mieux ne pas avoir de meubles et qu'ils soient à moi.

*

Le bon sens réunit tout d'abord la majorité... mais contre lui.

*

A cette pensée du doyen de la faculté des lettres de Toulouse : « La cause la plus ordinaire du célibat des filles, c'est qu'elles ne sont ni assez riches ni assez pauvres pour se marier », je réponds : « La cause la plus ordinaire du célibat des filles est qu'on ne les épouse pas ! »

*

Les savants sont des gens qui, sur la route des choses inconnues, s'embourbent un peu plus loin que les autres.

*

En France on ne veut pas arriver *à* la démocratie mais *par* la démocratie. C'est comme ces marchands de tisane qui crient leur marchandise mais n'en boivent jamais.

*

Les impôts indirects sont des impôts hypocrites.

*

J'ai en littérature et en arts une opinion que je puis traduire par une opinion sur le poisson : au point de vue de la cuisine il n'y a que deux sortes de poissons, celui qui est frais et celui qui ne l'est pas.

*

Dans toutes les émeutes on trouve une majorité de tailleurs. Je ne comprends pas bien l'intérêt qu'ont les tailleurs à ce que le pays devienne sans-culotte.

*

Je raille les républicains, si vous appelez républicains les tribuns d'estaminet, hommes d'État des chopes, politiques du petit verre et du pousse-café incendiant la patrie pour y faire cuire la côtelette de leur déjeuner.

*

La politique, si vous vous avisez de penser à ceux qui vous la servent, il y a de quoi se lever de table et faire vœu de ne plus manger que des œufs à la coque.

*

La plus évidente des vérités ? Un mensonge qui nous plaît.

*

Des cinq sens que possède l'homme, le plus précieux est le sens commun.

*

J'ai toujours entendu dire que la « Henriade » de Voltaire était un poème épique. Un poème épique est quelque chose dont on est fier, mais qu'on ne lit pas.

*

On ne lit guère en France, mais en revanche tout le monde écrit.

*

Peut-être montre-t-on trop d'estime et d'admiration pour les gens dont la fortune se compose : 1° de ce qu'ils prennent aux uns, 2° de ce qu'ils ne donnent pas aux autres.

*

Aujourd'hui on fait des chefs-d'œuvre – comme les cabaretiers font de la soupe le dimanche : on ajoute toujours de l'eau au bouillon primitif.

*

En fait de livres, il y en a beaucoup d'épelés et peu de lus.

*

De tout temps les prétendus apôtres de la liberté s'en sont montrés si affamés, si goulus, qu'ils ont voulu ajouter, à leur propre liberté, la liberté des autres.

*

Par le suffrage universel – la puissance au nombre – deux cailloux valent mieux qu'un diamant, deux crottins valent mieux qu'une rose.

*

Pendant longtemps on n'a pas payé les députés. Depuis qu'on les paie, il ne paraît pas, tant s'en faut, qu'on obtienne une qualité supérieure.

*

Il est bon d'être catholique, mais il faut encore être chrétien.

*

Si l'on veut gagner sa vie, il suffit de travailler. Si l'on veut devenir riche, il faut trouver autre chose.

*

Il y a aujourd'hui tant de médecins de toutes sortes, qu'il faut bien, pour leur donner de l'ouvrage, inventer des maladies.

*

Il ne faut pas attribuer à la vieillesse tous les défauts des vieillards.

*

Le plus grand inconvénient des pianos consiste, sans contredit, dans les pianistes.

*

Ce que le monde vous pardonne le moins, c'est de vous passer de lui.

*

Sans la politesse on ne se réunirait que pour se battre. Il faut donc ou vivre seul ou être poli.

*

Le monde est une charade que Dieu a donné à deviner aux hommes.

*

Un ami, c'est un homme qui connaît l'escalier qui conduit chez votre femme.

*

Les défenseurs de n'importe qui, plus connus sous le nom d'avocats.

*

On n'est quelque chose aujourd'hui, qu'en proportion de ce qu'on a de portes et de fenêtres.

*

Au billard et aux dominos on joue et on perd son propre argent – tandis qu'à la politique on joue celui des autres.

*

En France on ne vote que contre.

*

Il est facile d'aimer une république dont on est le président.

*

Café, endroit où sous prétexte de prendre du café à la crème, on va tous les matins apprendre les niaiseries qu'on répétera dans la journée.

*

Certains médecins croient avoir assez fait quand ils vous ont dit le nom de votre maladie.

*

Le ridicule ne tue plus en France – au contraire.

*

Il est impossible de plaire à tous. J'ai donc décidé de ne plaire qu'à moi seul.

*

Vous avez fait de la France un grand tripot où tout se joue : les affaires publiques, les places, les rangs, les honneurs, l'industrie, la fortune. Où les gens avides et incapables peuvent tout gagner d'un coup de dé. Et vous voulez qu'on travaille !

*

Le soleil se cache : quelles sont les horreurs qu'il refuse d'éclairer ?

*

Il se fait tous les ans plus d'avocats que n'en peut consommer la France – aussi ce sont eux qui la consomment.

*

Le suprême de l'art, dans la littérature des gouvernants, est de ne pas dire, et d'avoir dit – de dire, et de n'avoir pas dit.

*

L'homme est comme une horloge. Il se remonte par la nourriture deux ou trois fois par jour.

*

En France on veut paraître et quand on n'est pas grand, le moyen le plus simple est de se jucher sur quelque chose.

*

« Enfin j'ai un ami.
– Je vous en félicite – et lui, en a-t-il un ? »

*

On a fait assez de tragédies, de drames, de mélodrames, de poèmes et d'élégies sur les grands malheurs que tout le monde n'a pas eu le bonheur d'avoir.

*

Les couleurs politiques sont comme les couleurs du peintre, elles n'ont qu'une surface mince et cachent toutes la même toile.

*

Ma prétendue sévérité envers les femmes, c'est celle que j'ai envers mes violettes quand je les sarcle, envers mes rosiers quand je les taille.

*

Je vote pour le vote des femmes.

*

L'amour, il faudrait l'écrémer. Si vous voulez boire jusqu'au fond du vase, vous risquez de trouver du petit-lait aigre.

*

Il y a deux choses que les femmes ne pardonnent pas : le sommeil et les affaires.

*

Il vaut mieux assassiner sa femme que l'ennuyer. Si vous l'assassinez vous en êtes quitte pour les travaux forcés. Si vous l'ennuyez, elle vous assassine. Il n'y a pas à hésiter.

*

On s'aime sans raison, on s'oublie sans motif.

*

Le langage de l'amour a une si douce musique qu'on n'est pas exigeant pour les paroles.

*

Il faut dire du bien des femmes en général – et en particulier à chacune, du mal de toutes les autres.

*

L'amour naît de rien – et meurt de tout.

*

Toutes les femmes aiment les bouquets, peu de femmes aiment les fleurs.

*

Quand vous quittez... l'autre, laissez-lui une petite inquiétude à grignoter.

*

Une grosse femme s'étalait dans un salon par une exubérante exhibition.
« Voyez donc madame X comme elle est outrageusement décolletée.
– Ça, décolletée ? dites déculottée. »

*

Toutes les femmes sont la même, il n'y a de variété que dans les circonstances.

*

Le châtiment de ceux qui ont trop aimé les femmes, c'est de les aimer toujours.

*

Il faudrait faire l'amour comme on mange du poisson : ne pas avaler les arêtes.

*

Dès l'âge de six ans, une femme n'a plus guère à gagner qu'en dimensions.

*

L'amitié de deux femmes n'est jamais qu'un complot contre une troisième.

*

« Votre femme est une rose, disait-on à un poète aveugle.
– Je m'en doutais aux épines », répondit-il.

*

J'ai pris un parti : céder aux femmes tout de suite. Comme il faut en finir par là, j'économise les frais de la guerre.

*

La toilette est la cuisine de la beauté.

*

Les serments qu'échangent deux amants sont aussi raisonnables que le seraient ceux qu'échangeraient un gigot et l'homme qui l'entame.

*

Les amis d'une femme n'en font jamais d'autres.

*

L'amour ressemble beaucoup à un jardin au bout duquel on arriverait en trois pas, si le chemin à faire n'était prolongé en une foule de petites allées tournant capricieusement, fleuries et embaumées.

*

La nature avait donné à l'homme sa femelle comme à tous les animaux. C'est l'homme qui a inventé la femme – et c'est sa meilleure invention.

*

L'amour est tout dans celui qui aime – l'aimé n'est qu'un prétexte.

*

Les danseuses sont nues par en bas et les honnêtes femmes par en haut. C'est à ça qu'on les distingue.

*

Tous les pays et toutes les femmes se ressemblent terriblement.

*

L'amour est une chasse où le chasseur doit se faire poursuivre par le gibier.

*

Les femmes devinent tout, elles ne se trompent que quand elles réfléchissent.

*

Il y a des choses communes qu'il ne faut pas dédaigner : rien n'est aussi commun que le soleil, si ce n'est l'amour.

*

Je voudrais voir les femmes à la hauteur de l'amour qu'elles m'inspirent – avant d'arriver à cet âge où l'on peut encore sentir l'amour, mais où on ne l'inspire plus.

*

En général nous nous marions pour entrer dans la maison, les femmes se marient pour en sortir.

*

Les femmes sont plus jeunes que nous et le sont toute leur vie – sauf à quelques indications extérieures.

*

Une femme dans un salon est une fleur dans un bouquet. Chez elle, elle est tout le bouquet.

*

En amour les femmes regardent le commencement, et les hommes la fin.

*

Avec des obstacles et la première venue, on fait une passion.

*

Quand ayant mangé sa moitié de pomme, à son tour Adam s'ingéra la Science du Bien et du Mal, la femme avait un quart d'heure d'avance sur lui et elle l'a toujours conservé.

*

Le luxe des femmes est monté à de telles proportions, qu'il faut être bien riche pour en avoir une à soi. Il n'y a plus moyen que d'aimer les femmes des autres.

*

L'amitié n'existe pas plus entre deux femmes qu'entre deux épiciers domiciliés en face l'un de l'autre.

*

Je ne sais rien d'aussi intéressant qu'une conversation de femmes où ce qui s'est dit n'a aucune valeur, où il n'est pas dit un mot de ce qui est entendu et où on a, de part et d'autre, parfaitement entendu tout ce qui ne s'est pas dit.

*

Pour une femme, un homme sans conséquence est un homme auquel on fait faire pour rien ce qu'un autre ne ferait que pour tout.

*

Toute femme se croit volée de l'amour qu'on a pour une autre.

*

Les femmes ne connaissent pas toujours le prix des choses et se trompent quelquefois sur la valeur des hommes.

*

On ne prouve rien aux femmes : elles ne croient qu'avec le cœur.

*

Ce n'est pas pour l'avoir, mais pour l'ôter à une autre, qu'une femme prend un amant.

*

Il est à remarquer que l'éclat de la beauté des femmes dure de quinze à trente ans, c'est-à-dire que leur influence cesse au moment où leur vient la raison.

*

Il faut que les femmes soient honnêtes, mais il ne faut pas cependant leur rendre le métier d'honnêtes femmes trop ennuyeux et les en dégoûter.

*

L'amour dans le mariage serait l'accomplissement d'un beau rêve s'il n'en était trop souvent la fin.

*

L'amour dit-on, donne de l'esprit aux bêtes, c'est sans doute celui qu'il ôte aux gens d'esprit.

*

La femme la plus décidée à ne pas accueillir l'amour, veut avoir au moins à le repousser.

*

Aux sarcasmes aigres-doux d'une belle sur un autre choix qu'il avait fait, l'amoureux découragé répondit : « J'ai fini par découvrir qu'il vaut mieux croquer une pomme que regarder sans cesse un ananas. »

*

La femme est un être qui s'habille, qui babille, qu'on déshabille et qui se rhabille.

*

Les femmes ? Il y a des hommes qu'elles n'aiment pas, mais elles aiment l'amour de tout le monde.

*

Les hommes disent du mal des femmes, comme les domestiques disent du mal des maîtres : en ayant grand peur d'être entendus.

*

La plus charmante femme du monde finit toujours par s'apercevoir que la première venue a un avantage sur elle, c'est d'être une autre.

*

En amour je n'ai jamais vu celui qui fuit ne pas remporter la victoire.

QUELQUES PIQUES DE KARR

Un écrivain, ami d'Alphonse Karr, sollicita un secours du ministre Victor Cousin. Refusé. Le ministre était en revanche prêt à tous les passe-droits envers madame Louise Colet, poétesse qu'il avait discrètement mise enceinte de tout autre chose qu'un alexandrin.
Alphonse Karr intitula son article des *Guêpes : La piqûre du cousin.*

*

Fureur de Louise Colet. Elle se rendit chez Alphonse Karr, le visage caché par une voilette. C'est l'époque où les femmes amoureuses de son roman *Sous les tilleuls* montent régulièrement son escalier. Alphonse Karr introduisait sa clef, quand Louise Colet le frappa d'un coup de couteau. Vivement il se retourna, saisit le poignet, l'arme tomba, tandis que Louise Colet s'écriait romantiquement : « Le traître, il avait une cuirasse ! »
L'affaire fit grand bruit. Et les visiteurs d'Alphonse Karr pouvaient lire au mur de son cabinet de travail,

sous un couteau de cuisine encadré : « Offert par Louise Colet... dans le dos. »

*

« Fils d'un piano illustre » (son père avait été virtuose chez les frères Érard), Alphonse Karr aimait la musique. Beaucoup moins la réclame. Un ami le persuada d'assister à une interprétation de Beethoven par un prodige de sept ans. Le premier morceau terminé, Alphonse Karr applaudit. Il mêla ses applaudissements à la fin du deuxième. Au troisième morceau il croisa les bras.

« L'interprétation ne vous plaît pas ? demanda l'ami.

– Au contraire, répondit Alphonse Karr, mais que voulez-vous, l'enfant n'est plus aussi jeune ! »

*

De l'esprit pour parler... Qui n'en a ? C'est vulgaire.
Mais ce qu'il faut chercher, c'est l'esprit pour se taire.

*

Des malheurs évités le bonheur se compose.

*

L'âge auquel on partage tout est généralement l'âge où on n'a rien.

*

Rien n'arrive dans la vie ni comme on le craint ni comme on l'espère.

*

On n'aurait guère de vices si on n'avait que les siens.

*

Il faut cacher tous ses bonheurs comme le voyageur cache son or quand il doit traverser une forêt périlleuse. La vie est fort boisée.

*

On blâme la frisure quand on n'a plus de cheveux et on médit des pommes quand on n'a plus de dents.

*

Les grandes choses on les montre, les petites on les laisse voir.

*

« Que pensez-vous de l'immortalité de l'âme ?
– Je n'y pense qu'une fois par an pour ne pas devenir fou ou imbécile. J'y ai pensé hier, revenez dans un an. »

*

Chaque homme possède trois caractères : celui qu'il montre, celui qu'il a, celui qu'il croit avoir.

*

Il en est des bonheurs comme des perdrix : quand on les vise de trop loin on court grand risque de ne pas les atteindre.

*

La propriété est un piège. Ce que nous croyons posséder nous possède.

*

C'est surtout quand on parle de choses utiles qu'il ne faut pas être long.

*

Ce qui vaut la peine d'être fait vaut la peine d'être bien fait.

*

La vanité est l'écume de l'orgueil.

*

Les éloges, même les plus flatteurs, ne satisfont que rarement celui qui les reçoit : il lui semble que ce n'est que justice – et il y manque toujours quelque chose.

*

Les mendiants volent les pauvres.

*

Je vois bien que l'homme perfectionne tout autour de lui, mais je ne vois pas qu'il se perfectionne lui-même.

*

C'est encore un peu mentir que de dire même des choses vraies, quand on ne les pense pas.

*

Les amis : une famille dont on a choisi les membres.

*

Je ne blâme pas que l'on soit de son pays, mais avant tout il faut être de l'humanité.

*

Tout le monde veut avoir un ami – personne ne s'occupe d'en être un.

*

Ne pas honorer la vieillesse, c'est démolir la maison où l'on doit coucher le soir.

*

Les vieillards sont des amis qui s'en vont – et qu'il faut reconduire avec un peu de tendre politesse.

*

Il arrive un moment où le reste de la vie se passe à dire adieu à ceux qui s'en vont – en se tenant prêt à dire adieu à ceux qui restent.

*

Les vieillards, comme les femmes et les enfants, ne doivent pas abuser de leur faiblesse.

*

Je crois au Dieu qui a fait les hommes et non au Dieu que les hommes ont fait.

*

La première moitié de la vie se passe à désirer la seconde – la seconde à regretter la première.

*

J'en suis fâché pour les moralistes, mais on ne triomphe que des passions qu'on n'a pas ou de celles qu'on n'a plus.

*

C'est si triste de n'être jeune que pour soi.

*

La vérité est le nom que les plus forts donnent à leur opinion.

*

Le sens commun, le plus rare de tous les sens.

*

Nous aimons le changement non pour être mieux, mais pour le changement lui-même.

*

Es-tu sans médecin ? Je vais t'en donner trois : gaieté, diète et repos.

*

Un service qu'on rend est une dette qu'on contracte.

*

Trop d'amis et plus guère d'amitié.

*

Un voyage prouve moins de désir du pays où l'on va que d'ennui du pays que l'on quitte.

*

La vie privée doit être murée.

*

Il est prudent d'être heureux tout bas.

*

Le bonheur consiste pour l'homme dans ce qu'il n'a pas ou dans ce qu'il n'a plus.

*

Le soleil n'échauffe que la peau, les passions échauffent le sang.

*

Prenons garde que, appauvrir les riches, ce n'est pas enrichir les pauvres.

*

Il n'y a de la flatterie à l'injure que la différence qui existe entre la mendicité et l'attaque à main armée. Toutes deux ont le même but et ne diffèrent que par les moyens.

*

Beaucoup de gens font commodément consister la vertu à être sévère pour les autres.

*

On s'occupe assez peu d'être comme il faut être, mais sans relâche on songe à ce qu'il faut paraître.

*

On diminue la taille des statues en s'en éloignant, celle des hommes en s'en approchant.

*

Face à des gens inexorablement bavards, le jardinier pense à une maladie de certains arbres qui consiste à produire beaucoup de feuilles et point de fruits.

*

On n'invente qu'avec le souvenir.

*

Un des grands inconvénients de la vie humaine, c'est que nous avons mis notre bonheur dans des choses impossibles et notre malheur dans des choses inévitables.

*

La plupart des gens font tomber les services de si haut, qu'ils blessent presque toujours leurs obligés. D'où tant de bienfaiteurs et si peu de bienfaits.

*

Soyez heureux si vous pouvez, c'est la sagesse – rendre les autres heureux, c'est la vertu.

*

Le bonheur n'est pas un gros diamant, c'est une mosaïque de petites pierres harmonieusement rangées.

*

Les malheurs parés trop tôt sont comme les bonheurs visés de trop loin : les premiers vous touchent, et vous manquez les autres.

*

Il y a deux manières d'être riche : élever son revenu au niveau de ses désirs, abaisser ses désirs au niveau de son revenu.

*

On a quelquefois l'air de tomber d'accord sur une chose et on n'est tombé d'accord que sur un mot – si bien que la chose expliquée, on en revient aux coups.

*

Nous sommes à une de ces époques où il n'est que trop facile de voir qui il ne faut pas suivre, mais où on ne voit pas aussi clairement avec qui on veut marcher.

*

Il est singulier que la politique, qui est sans contredit la science la plus ardue et la plus difficile, soit la seule que tout le monde croit posséder sans l'avoir apprise.

*

Nous ne haïssons pas ceux qui nous ont laissé prendre leurs places, comme nous haïssons ceux qui veulent prendre les nôtres.

*

Je ne cause pas volontiers politique avec les rois, les princes et les gardes champêtres parce qu'ils ne sont pas indépendants.

*

Une chose terrible en France, c'est qu'il n'y a jamais rien d'acquis. Sur la plage de la société française le flux et le reflux apportent et remportent tout.

*

Je commence à soupçonner fortement qu'il faut mener les hommes avec des phrases plus qu'avec des raisons.

*

Ceux qui ont aidé à faire la révolution, sauf un très petit nombre qui en profitent, servent eux-mêmes d'allumettes pour brûler leur propre maison.

*

L'homme n'aime que lui et encore ne s'aime-t-il guère.

*

Les bonheurs durables sont ceux qui reculent à mesure que nous avançons.

*

La modestie est une vertu que chacun exige des autres.

*

Il n'y a rien d'égal à la petitesse de l'homme, si ce n'est sa vanité.

*

Celui qui n'est rien est l'égal de tout le monde.

*

Il y a deux sortes de passions : les passions que nous avons et les passions qui nous ont. On triomphe quelquefois des premières.

*

Il est fort difficile d'être juste et encore plus de passer pour l'être.

*

Toute poésie est un regret ou un désir.

*

Un pouvoir sans limites est un tonneau sans cercles.

*

On recommande souvent de respecter le malheur – et le bonheur donc ! c'est lui qui est rare.

*

On a trouvé le mot de témérité pour exprimer le courage d'un autre quand il n'y a plus moyen de le nier.

*

En politique, peut-être plus encore qu'en toute autre matière, on n'appelle sages que ceux qui partagent la folie du moment.

*

Tout monopole est une tyrannie et entraîne des abus.

*

Le journaliste tient de l'avocat et du médecin et du pharmacien. Pourquoi la Presse n'est-elle soumise à aucune condition sanitaire ?

*

La liberté de la Presse est engraissée du carnage de toutes les autres libertés.

*

Plus de croyances ! Mais jamais il n'y a eu autant de crédulité. On ne croit plus à rien ! Mais on croit aux journaux.

*

Les journalistes sont des avocats qui écrivent.

*

Abonné : l'ami inconnu du journaliste. On lui doit chaque matin une opinion toute faite sur ce qui s'est passé la veille.

*

Il n'y a que deux sortes de journaux : ceux qui approuvent et soutiennent le gouvernement quoi qu'il fasse, et ceux qui le blâment et l'attaquent, quoi qu'il fasse.

*

De leur meilleur côté tâchons de voir les choses.
Vous vous plaignez de voir les rosiers épineux.
Moi je me réjouis et rends grâces aux dieux
Que les épines aient des roses.

*

Des myosotis dans un parterre me chagrinent les yeux, comme une fausse note me chagrine l'oreille.

*

Je préfère les arbres tremblant sous le vent aux arbres fixés sur la toile, les femmes aux statues et le soleil du bon Dieu au soleil de Poussin.

*

J'aime mieux un bel arbre qu'un palais, l'herbe que les tapis, un canot de pêche qu'un carrosse.

*

Un excellent jardinier vaut un excellent poète.

*

On compare les fleurs aux femmes. On a tort. Il y aura toujours entre elles, cette différence que les fleurs sont belles... et ne le savent pas.

*

Ne droguons pas la terre.

Son nom se prêtant aux calembours, Alphonse Karr se voyait attribuer les meilleurs et les pires : Karr-à-fond, Karr-rosse, Karr-touche... S'il appréciait peu le genre, il est sans doute l'auteur d'un « Karr-avance-et-raille » et, sûrement, d'un facile : « Monsieur Dubois dont on fait des flûtes. » Offensé, ce Dubois-là réclama des excuses. Alphonse Karr les débuta ainsi : « Monsieur Dubois dont on ne fait pas des flûtes... »

*

A Nice Alphonse Karr avait pour voisin le prince Oscar de Suède. Souhaitant se documenter sur un ouvrage de Linné, il en fit la demande au Prince, qui s'excusa :

« Que M. Karr vienne lire chez moi tout ce qui lui plaira, mais je ne prête pas mes livres. »

Quelque temps après, le jardinier du Prince ayant besoin d'un arrosoir, Alphonse Karr lui répondit :

« Que le prince Oscar vienne arroser chez moi autant qu'il le voudra, mais je ne prête pas mes arrosoirs. »

*

Son commerce des fleurs étant prospère, Alphonse Karr embaucha. Il employa jusqu'à quinze jardiniers. Patron modèle, il conservait son personnel, même dans la morte saison. Une seule fois il eut recours au licenciement envers une femme qui lui volait des bouteilles de vin dans sa cave. Le menaçant d'un procès s'il n'établissait pas un certificat, Alphonse Karr le rédigea ainsi : « J'ai renvoyé la femme X parce qu'elle avait trop d'amants qui avaient trop soif. »
Elle refusa le certificat.

*

Étant sur la plage de Saint-Raphaël, deux ecclésiastiques s'approchèrent et lui demandèrent le chemin de Fréjus. Alphonse Karr leur indiqua la direction et en le remerciant, l'un des prêtres se présenta comme évêque de Fréjus. Alphonse Karr se nomme à son tour, non sans ajouter :
« Croyez bien, Monseigneur, que c'est la première fois que je remets un évêque dans le droit chemin. »

*

« Ah ! monsieur Karr, c'est vous qui aurez un bel enterrement !
– Croyez-vous ! mais quel chagrin j'aurai de ne pas le voir. »

AURÉLIEN SCHOLL

« Je n'aime pas l'esprit, monsieur. » Victor Cousin crut ainsi terminer la conversation, que Scholl prolongea d'un : « Je le sais, monsieur, j'ai lu vos œuvres. »
Aurélien Scholl ne laissait jamais ses griffes inactives. Sa réplique fusait, du ton cassant qui lui valait procès et querelles. Il rétorquait d'un « mot » féroce et le Boulevard en faisait aussitôt ses délices. Scholl en était le fournisseur attitré au point que Bordelais, il devint le plus parisien des Parisiens.
Il était né en 1833. Son père, notaire, lui ouvrit des études fertiles. Lycéen, il envoyait au Corsaire *– petite feuille d'humeur – des contes qui ne laissaient pas indifférent. Publié très jeune, sa voie était tracée. A dix-sept ans, il monta vers la capitale où sa prose rageuse et de jolis vers lui frayèrent un chemin au* Paris. *Ce journal à la vie brève était gouverné par M. de Villedeuil cousin des Goncourt, lesquels y écrivaient. Alphonse Karr – déjà « quelqu'un » dans le journalisme – y rencontra Scholl débutant.*

Le rougissant petit Scholl montra vite ses capacités. Il rédigeait des articles pour le Mousquetaire *de Dumas,* L'Illustration, Le Figaro *: « Je ne crains au monde que la Justice et* Le Figaro *», disait-il. En attendant, c'était plutôt le journal de Villemessant qui craignait de perdre cette bonne plume. Par sa rubrique « les Coulisses », Scholl comblait d'aise la curiosité des abonnés. Il y laissait libre cours à des opinions acérées dirigées contre les politiciens, les mœurs des financiers, les mondains, les bourgeois, les maîtresses, les lorettes – le monde parisien. Contre eux tous : potins, allusions, gasconnades. De quoi lui amener année après année – et même plusieurs fois par an – des duels retentissants. Contre Paul de Cassagnac, le député Mitchell, le comte de Dion. Scholl, dans* L'Événement, *avait parlé finement et méchamment des difficultés conjugales de la duchesse de Chaulnes. (Il récidivera contre l'épouse de Feydeau : « Madame Feydeau aime tellement son mari qu'elle prend les maris des autres pour ne pas user le sien. ») Le comte de Dion rossa Scholl au* café Bignon. *La cour d'assises condamna le comte. Scholl, teigneux, voulait son duel. Il publia son article dans un livre et quatre ans plus tard, obtint de se battre avec Dion qui le blessa au côté. Aurélien Scholl, âgé alors de cinquante ans, ferraillait encore comme un* condottiere.

Entre-temps il avait fondé trois journaux Le Nain jaune, le Lockey, Le Lorgnon. *Ce titre le peignait : longue silhouette à moustache blonde, un inamovible monocle, un « mot » toujours prêt à jaillir. Puis des romans (il en* écrira quarante), des fantaisies, des demi-fours au théâtre. Au bilan, un bagage d'idées, d'aphorismes, de pensées. Et des coups de bâton donnés et reçus, des séjours en prison, des fuites à l'étranger. En à-côté, un riche mariage bientôt suivi d'une séparation. Cet irritable, irascible, talentueux contradicteur-né, voulait la gloire d'un romancier. Il l'obtint. Mais par le biais du journalisme, par d'innombrables chroniques pour des masses de lecteurs.

Considéré sous cet aspect agité, Aurélien Scholl ne serait-il qu'un parvenu des Lettres ? Insupportable, plastronnant en cravate et gilet blancs, chaîne de montre exhibée comme une décoration, envieux, cabot, cynique, malheureux du bonheur d'autrui ? N'aimant pas la musique, surtout celle de Wagner ? Ne goûtant guère le grand théâtre s'il est d'Ibsen ou de Maeterlinck ? Certes Aurélien Scholl fut ce tapageur. Mais il fut surtout le plus accompli des boulevardiers d'une époque qui en affichait de célèbres. Ses « mots » valent certainement mieux que son œuvre. Considérable, mais éphémère. Ses écrits, ce sont ses reparties. Sa table de travail, le guéridon d'un café du Boulevard. Ou la table des autres dans les dîners mondains, où l'on se disputait sa présence, c'est-à-dire son esprit.

A Tortoni, *le plus souvent au* Café Riche, *plus tard au* Napolitain, *tous les jours une blague, une gouaille, un effet, une boutade. Tout faisait mouche. Avec style. Verveux, drôle, spirituel, comique, fin, brutal, injuste pourvu que ce fût une pointe, il tenait là ses assises au milieu d'un cercle d'admirateurs. Parmi des aphorismes scintillants, cliquetaient des définitions subtiles, ingénieuses. En lui le moraliste, le philosophe, le penseur original perçaient aussi. Ces tours de force permanents il les renouvela plus de cinquante ans. Ajoutant à sa vitalité un savoir-dire, et une mémoire à vous citer cent noms parmi les bruits frivoles du Boulevard.*

Scholl avec soi c'était une faveur. Dans ses grands jours, il éblouissait. Flatté, il débitait une suite d'échos, une avalanche d'anecdotes, un flot de racontars, une abondance de détails piquants. Perles qui n'abandonnaient aux autres que le choix d'être muet ou émerveillé. Il y avait en lui du Chamfort et du Rivarol, car bretteur il avait en outre la fièvre de la politique. Républicain de conviction, capable d'estime et d'amitié, il sauva de la misère et du désespoir le réfractaire Jules Vallès.

Sous des plaisanteries redoutables, Scholl cultivait le scepticisme et la mélancolie. Lorsque Tortoni *ferma ses portes et son fameux perron à l'angle de la rue Taitbout et du boulevard des Italiens, il eut un geste féminin. Il emporta le guéridon de marbre devant lequel il avait siégé si royalement. Un symbole du Boulevard.*

Il continua d'y trôner. Fin gourmet et diabétique, il portait encore beau. Droit, solide, ses yeux de myope derrière son éternel monocle, la moustache devenue grise, une barbe en pointe et une élégance toute britannique.

Dormant peu, toujours en verve et actif, il abattait massivement son travail de romancier-journaliste. Le boulevardier était devenu personnage officiel. Légion d'honneur, président honoraire de la Société des gens de lettres, il amusait encore des privilégiés clairsemés. La tradition se perdait. La mode s'en allait à Montmartre. Scholl lui-même s'exilait régulièrement à Étampes. Il y avait acheté une maison bourgeoise entourée d'un jardin. La campagne le laissait coi. L'esprit prenait sa retraite dans un monde trop nouveau.

Après une maladie longue et douloureuse, dernier Lion du Boulevard, Aurélien Scholl mourut à soixante-neuf ans en avril 1902 à Paris. Un peu assagi. Assez oublié.

Dieu lui-même a besoin de publicité : il a les cloches.

*

Quel besoin de se venger d'une femme ? La nature s'en charge ; il n'y a qu'à attendre.

*

Pour réussir – tôt ou tard – avec les femmes, il faut moins d'argent à dépenser que de temps à perdre.

*

Il y a des gens qui descendent de leurs aïeux, d'autres qui en dégringolent.

*

Sarah Bernhardt : un beau brin de fil.

*

Un gigot par jour et par tête d'habitant et le problème social serait résolu. Ce qui manque, ce sont les gigots.

*

C'est ma devise depuis longtemps : Fais tout, le Ciel t'aidera !

*

Pendant le siège de Paris, toutes les femmes ont mangé du chien. On pensait que cette nourriture leur inculquerait les principes de fidélité. Pas du tout : elles ont exigé des colliers.

*

L'usurier c'est celui à qui on emprunte un mouchoir et qui vous réclame une paire de draps.

*

Il n'y a de déshonorés que les gens qui ne réussissent pas.

*

Le moins qu'on puisse demander aux athées est de ne pas faire de leur athéisme un article de foi.

*

Les enfants sont les poupées des vieilles gens.

*

Le mot d'ordre de toutes les professions de foi c'est de refaire la France. La France a le droit de dire qu'elle est « refaite ».

*

On commence par être un mari facile, on finit par être un mari aisé.

*

Un myope : « Ces verres ne sont pas assez forts pour moi.
L'opticien : – Cependant c'est un numéro 3.
– Ma vue baisse tous les jours. Qu'y a-t-il ensuite ?
– Le 2 et le 1.
– Et après le numéro 1 ?
– Un chien ! »

*

Parodie du récit de Théramène :
Lui ne me disait mot, je ne répondais rien.
C'est ainsi que finit ce superbe entretien.

*

Quand X n'est pas de mon avis, ça m'afflige pour lui ; quand il est de mon avis, ça m'inquiète... pour moi.

*

Ne frappez jamais une femme, elle en prendrait vite l'habitude et cela serait très fatigant.

*

Un bon exemple vaut mieux que de le suivre.

*

Voyons, si Dieu n'existait pas, comment aurait-il eu un fils ?

*

La fidélité, une vive démangeaison avec défense de se gratter.

*

Le tact : une aptitude au mensonge.

*

Ce que j'aimais en vous ce n'était pas votre corps : vous avez le ventre comme une persienne. Ce que j'aimais en vous c'était mes illusions.

*

Quand on a du talent il faut se le faire pardonner.

*

A l'acteur Lafontaine très enroué ce soir-là, l'impératrice Eugénie confie : « Nous reviendrons. »
« Voilà les Bonaparte, dit Scholl, ils croient toujours revenir ! »

*

Un cercle de province lui écrit qu'un « schisme » s'est produit sur la manière dont on devait prononcer Scholl et que de forts paris ont été engagés. Scholl répond : « Comment prononcez-vous schisme ? »

*

Une petite d'une maigreur désolante dit à Scholl :
« Si vous continuez à me lancer des épigrammes, je vous ferai voir du pays !
– Du pays plat, sans doute ? »

*

Une jolie danseuse de l'Opéra disait en montrant ses jambes :
« C'est avec ça que je nourris papa et maman. Aussi ils appellent mes mollets des "pattes alimentaires". »

*

« Madame la Comtesse est-elle visible ?
– Madame est au bain.
– Annoncez un nageur ! »

*

« Elle a trop fait la noce et passé tant de nuits. Elle devrait suivre un régime...
– Un régime ! Elle suivrait plutôt un régiment. »

*

« Je vous offre une place dans mon cœur.
– Oh ! oui ! parlons-en de votre cœur, c'est un hôpital.
– Eh bien ! je vous y offre un lit. »

*

Se résoudre à faire une fin, c'est au suicide par le pistolet préférer la corde, à la corde préférer l'asphyxie, à l'asphyxie préférer l'opium, à l'opium préférer le mariage.

*

« Quel âge a-t-elle ?
– Quarante-trois ans, mais comme elle est sourde elle ne les a pas entendus sonner. »

*

Un viveur voulant témoigner sa reconnaissance à une demoiselle qu'il juge bête à manger de l'herbe, lui envoie une botte de foin. D'abord irritée, la demoiselle écrit à l'auteur de cette épigramme d'écurie : « Mon cher ami, j'ai reçu le foin ; j'attends le cheval. »

*

Il y a dans le monde voyant de Paris les hommes à fortune et les hommes à bonnes fortunes.

*

« La jolie fille !
– Voulez-vous que je vous la présente ?
– Volontiers. Faudra-t-il faire un doigt de cour ?
– Oh ! une phalange suffira. »

*

« Elle a donné son amour à un député. C'est une femme charmante, jolie tournure, très bien faite.
– Oui, elle a un corps législatif ! »

*

« J'aime beaucoup vos fantaisies, écrit une dame à Scholl, mais vous avez parfois des mots un peu trop crus. »
Réponse : « Madame, désormais on vous les fera cuire. »

*

« Qu'ai-je appris ! Vous soupez avec des filles !
– Oui, parce que les femmes honnêtes ne sont pas dans mes moyens. »

*

Les mauvaises affaires sont les bonnes. Plus l'eau est trouble, meilleure est la pêche.

*

On n'a jamais entendu dire : une femme à la mer ! La femme se tire toujours d'affaire.

*

Le véritable amour est comme les revenants : tout le monde en parle et personne n'en a vu.

*

C'est le docteur qui fait la réputation de la maladie, et c'est la maladie qui fait la fortune du docteur.

*

La femme est une affaire de vanité quand elle n'est pas une affaire de tempérament.

*

Une femme d'un mauvais caractère fait peur au diable lui-même.

*

A certains moments une femme vous dit : « Je préfère rester seule » – afin d'être deux avec un autre.

*

Elle avait une bouche plus large que la clémence du maréchal de Mac-Mahon.

*

Si vous êtes domestique, appelez-vous intendant. Si vous êtes coiffeur, coiffez-vous du nom d'artiste. Toute la vie est là : savoir se donner un nom convenable.

*

Un livre prêté ne se rend jamais : il est plus facile de retenir le livre que ce qu'il y a dedans.

*

« C'est agaçant, il y a un air qui me poursuit...
– Tu as de la chance... moi c'est un huissier ! »

*

« On nous a dit que la censure était rétablie.
– Elle n'a jamais été malade. »

*

Ce tragédien a une façon nasillarde de débiter les vers... on dirait qu'il se les tire du nez.

*

Les Français se regardent à la boutonnière comme les chiens se flairent où vous savez...

*

« Madame de B... était décolletée jusqu'aux coudes.
– Ah ! baronne ! quand on regarde vos épaules ça n'élève pas la pensée. »

*

« Madame comme vous êtes pâle !
– Je n'aime pas qu'on me dise cela, s'écrie-t-elle avec impatience.
– Comme vous êtes rouge ! »

*

Une belle Anglaise dans un salon a l'air de dire souverainement comme Nelson à ses marins : « L'Angleterre compte que chaque homme fera son devoir ! »

*

Il y a des tables jusque sur le trottoir ; les femmes y sont comme chez elles.

*

Le bavardage est le patrimoine des femmes usurpé par les hommes.

*

Une troupe d'été voyage de ville en ville en jouant *La Haine*. Dans une espèce de salle d'un petit endroit on prévient le directeur :
« Vous ne ferez rien ici, il n'y a que des filatures et on ne s'occupe que de tissus. » Alors on affiche :

LA LAINE
Drame en cinq actes de M. V. Sardou

*

Une demoiselle à une autre : « As-tu vu ton ancien ami, le prince d'... récemment arrivé à Paris ?
– Le prince serait-il un ingrat ? Je n'ai pas eu "en corps" de ses nouvelles. »

*

D'un vieux tripoteur de la finance qui a comparu plus d'une fois :
« Comment va-t-il ?
– Très mal. Il est condamné par les médecins.
– Par les médecins ? ça le change. »

*

Le solliciteur : « Je viens vous voir...
– Et moi... je vous vois venir. »

*

Dans le genre littéraire X... n'arrête pas. Un volume n'attend pas l'autre.
« Il m'a donné son dernier ouvrage à lire, disait Dumas.
– Il aurait mieux fait de vous le donner à écrire. »

*

Dessert : une pêche si on est seul, un péché si on est deux.

*

L'apparence est un rideau derrière lequel on peut faire tout ce que l'on veut, mais qu'il est essentiel de tirer.

*

Une jeune fille – bien élevée – lisait les *Baigneuses de Trouville.*
« Diable, lui dit Scholl, il y a des passages bien scabreux dans ce livre.
– Oh ! je les passe », lui répondit-elle.

*

D'un bourru, grincheux, grossier, envieux, malfaisant qui venait de passer l'été à la campagne, on dit à Scholl :
« Que pouvait-il bien faire à la campagne ?
– Lui ? il insultait les oiseaux ! »

*

On a lu dans une séance publique d'une académie de province : « Élégie sur la mort d'un merle » et l'« Éloge d'un académicien défunt ». La moitié de l'auditoire crut que le deuxième morceau était la suite du premier.

*

Ce n'est pas le tout d'avoir de l'esprit, il faut connaître la manière de s'en servir.

*

En France un homme se croit politique quand il a attrapé un certain bagout parlementaire.

*

Moyen infaillible de faire fortune rapidement :
1° Acheter toutes les consciences pour ce qu'elles valent ;
2° Les revendre pour ce qu'elles s'estiment.

*

Une jolie petite blonde, à son ami :
« Quel jour sommes-nous ?
– Le 21 janvier... Il y a aujourd'hui quatre-vingt-quatre ans qu'on a guillotiné Louis XVI. »
Elle se jette amoureusement dans ses bras : « Comme le temps passe ! »

*

Devant la Bourse :
« Monsieur, vous avez dit que j'étais un filou !
– Non, monsieur ! Je l'ai beaucoup entendu dire, mais je ne l'ai jamais répété. »

*

Dans un discours de rentrée un magistrat, homme d'esprit, s'exprima en termes magnifiques sur la dignité et les devoirs de la magistrature, des avocats, des avoués. Et il termina ainsi : « Quant à vous messieurs les huissiers, aimez-vous les uns les autres, car sans cela, il n'y aurait personne pour vous aimer. »

*

Entre deux demoiselles, sur un jeune homme :
« Est-il généreux ?
– Oh ! beaucoup de petits cadeaux.
– Oui... il n'entretient que l'amitié ! »

*

A la chute de sa dernière pièce des amis entourent l'auteur malheureux :
« Pourtant, on ne peut pas dire que tu travailles pour la gloire !
– Bah ! fait insoucieusement l'auteur sifflé, la gloire est une fumée, et la fumée incommode ma femme. »

*

La concierge avertit la jeune personne aux allures dégagées :
« Le propriétaire ne veut pas de femme seule.
– Si c'est cela il sera content, j'ai toujours du monde ! »

*

Une lady se retranchait dans une réticence à dire quelque propos.
« Il faut, insinue quelqu'un, que ce soit une mauvaise pensée puisque vous la cachez.
– Croyez-vous, réplique-t-elle, que je sois mal faite parce que je m'habille ? »

*

Dans un salon on se presse autour d'un groupe de femmes charmantes. Tout à coup l'une d'elles se retourne vers un monsieur qui la suivait :
« Monsieur, vous êtes insupportable !
– Moi, madame... mais je tiens mon chapeau.
– Eh ! bien, tenez-le des deux mains ! »

*

« Elle est laide, on ne lui connaît aucune fortune et elle fait des dépenses considérables. Où prend-elle tant d'argent ?
– Ma foi ! elle est peut-être entretenue par un aveugle. »

*

« Qu'il est beau ! toujours gai, insouciant ; c'est un mousquetaire !
– Oui, c'est un mousquetaire ; et toi vingt ans après. »

*

Un joli monsieur heurte un colonel en tenue bourgeoise.
« Polisson ! fait le vieux dur à cuire.
– Monsieur, je ne relève pas votre insulte, parce que vous avez déjà un pied dans la tombe.
– Un pied, c'est possible, répond le colonel, mais j'en ai encore un à ma disposition. » Et il le lui flanque... sur la figure.

*

Ne plus aimer n'est qu'un malheur ; ne pas le dire est une injure.

*

Le mariage est la désunion de deux amours.

*

Qu'il apprenne qu'une jeune paysanne de chez nous vienne à se jeter à l'eau par désespoir d'amour : « Voilà bien, dit un Anglais, la frivolité française. »
Que le *Times* annonce qu'une servante anglaise s'est pendue pour ne pas voir la fin du monde annoncée par une tireuse de cartes : « Cela, dit l'Anglais, c'est du raisonnement ! »

*

La bienveillance est la ressource des faibles.

*

Le style, c'est l'homme, a dit Buffon. On aura beau lire et relire cent fois les œuvres de Murger, je défie bien qu'on se fasse une idée de sa calvitie.

*

La plupart des académiciens empruntent tout leur éclat au fauteuil dont ils ne sont que la housse.

*

On ne se fait plus tuer pour les gens, mais on meurt encore à leur service.

*

Si les hommes mouraient à quarante ans, et les femmes à seize, la vertu ne serait plus un mot.

*

La jeunesse s'instruit par intuition. Si l'on ne savait que ce qu'on apprend on ne saurait rien.

*

Le succès est comme le gros lot d'une loterie qui peut échoir à tous ceux qui ont des billets, mais qui n'échoit qu'à celui qui a de la chance.

*

Il est des gens qu'on dirait en deuil de naissance, et si nous les laissions faire, ils étendraient un crêpe sur nos éclats de rire.

LES REDOUTABLES COUPS DE MONOCLE D'AURÉLIEN SCHOLL

« Est-ce que ce sauternes n'est pas généreux, lui demanda un sommelier du *Café anglais*.
– En effet, répondit Scholl, car il a donné tout ce qu'il avait de bon. »

*

Pour une épitaphe :
Ci-gît C... à la seule place qu'il n'ait pas demandée.

*

A l'industriel qui avait eu beaucoup de peine à obtenir sa Légion d'honneur et qui la lui montrait :
« Comme elle est mince, dit Scholl, on dirait une faveur. »

*

Ce dîner ne lui dit rien, Scholl ne disait rien. La maîtresse de maison s'en plaint, « lui qui a tant d'esprit » : « Il y a aussi, répondit-il, des gens qui ont énormément d'argent et qui attendent une bonne occasion pour le dépenser. »

*

Un lecteur qu'il n'avait jamais vu lui envoya un livre à signer, Scholl écrivit cette dédicace : « A monsieur X... en souvenir du bon temps où nous ferons connaissance. »

*

Cet homme d'une grande sévérité de langage était d'une brusque franchise pour faire croire à une austérité qui n'existait pas. On disait de lui :
« C'est un homme tout d'une pièce...
– Oui, dit Scholl, mais elle est fausse. »

*

« Votre article, Aurélien Scholl, je n'ai rien lu de si bien depuis un demi-siècle. Oui ! et même je l'ai conservé là, dit l'enthousiaste, en frappant la poche arrière de sa redingote.
– Alors, grinça Scholl, il est bien près de son but. »

*

Quelqu'un venait de perdre sa femme. Scholl constata : « Il a fait un bien mauvais mari, mais il fera un excellent veuf. »

*

En 1871, chez Victor Hugo, on soupirait après la paix. « J'ai un moyen infaillible, dit Hugo. Je monte sur la première barricade venue, je me fais tuer, la Commune cesse.
– Pour vous, évidemment », répliqua Scholl.

*

A l'annonce d'un sérum de cobaye destiné aux mâles fatigués : « Il suffira désormais de douze cochons d'Inde pour faire un cochon de Paris. »

*

Le meilleur gouvernement est celui qui est le moins visible. Mais en France, on est gouverné depuis le sous-sol jusqu'à la girouette.

*

Je respecte l'opinion des particuliers en général et l'opinion des généraux en particulier.

*

Nous avons vu l'âge de fer, l'âge de plomb... Nous voici arrivés à l'âge du caoutchouc, celui où les consciences sont élastiques.

*

Le pouvoir c'est la peau de chagrin. Il diminue à mesure qu'on s'en sert.

*

Les médecins appellent « mauvais malades » ceux qui repoussent les soins, refusent de prendre les remèdes et meurent en disant : « Vous voyez bien que je n'avais rien ! »

*

Il faut remercier Dieu de nous avoir donné le soleil sans prendre l'avis de personne.

*

En matière de lettres, les dames ont deux manies favorites, celles d'écrire en travers et celles des post-scriptum.

*

Voulez-vous juger un homme ? Donnez-lui un commandement.

*

On prend son mal où on le trouve.

*

C'est drôle : tout le monde a ses pauvres et les pauvres n'ont personne.

*

Donner la liberté aux Français, c'est autoriser la Vénus de Milo à se mettre les doigts dans le nez. Avec la liberté, il faut fournir le moyen de s'en servir.

*

Le troisième drapeau, le drapeau de fer-blanc, le drapeau de la majorité des Français, c'est la girouette.

*

Un mauvais romancier répond à un de ses confrères :
« On a beau blaguer... je sais mon français !
– Ton français, oui, c'est celui des autres que tu ne sais pas ! »

*

Le malheur est la véritable égalité.

*

En France, le tambour et le clairon couvrent tous les tumultes et rallient toutes les opinions.

*

« Nous descendons de nos pères par l'escalier de service », disait un vieux gentilhomme.

*

La fortune est un moyen d'arriver aux places, et pour ceux qui ont des places un moyen d'arriver à la fortune.

*

« Monsieur est légitimiste ? Orléaniste ? Républicain ? Non ? Alors quoi ?
– J'appartiens au groupe de la masse flottante. »

*

Il faut faire son chemin sur la pointe du pied sans attirer l'attention et atteindre furtivement le but. On n'arrive que comme un voleur !

*

Il a si mauvaise haleine qu'en mangeant du poulet il croit que c'est de la bécasse.

*

Que de créatures se croient femmes qui ne doivent leur sexe qu'à la robe et à l'éventail.

*

Quand un cocher est jeune et beau, Dieu sait où il peut vous « conduire » ! s'écriait une comtesse.

*

Madame s'ennuie et quand l'huître bâille il n'y a qu'à y plonger le couteau.

*

La marquise de B... en visite chez la comtesse de L... aperçoit un trophée de chasse, bois et cornes. « Quelle admirable veuve vous faites, dit-elle, le pauvre homme est mort, et vous gardez ses ossements. »

*

Que voulez-vous qu'on fasse de tant de femmes à Paris où une seule femme a toujours suffi à plusieurs hommes ?

*

La loi, qui dit que tous les Français sont majeurs à vingt et un ans, a oublié d'ajouter qu'ils cessaient de l'être à soixante-dix.

*

La preuve que, vous autres Israélites, vous reconnaissiez une certaine valeur à Jésus-Christ... c'est que vous l'avez mis au clou !

*

Les actionnaires, ce sont généralement des moutons, quelquefois des tigres, mais toujours des bêtes.

*

Quelques vers à une dame (Mme de Metternich) que j'avais offensée sans qu'on sût pourquoi :
J'aurais certainement brisé tous les verrous
Pour pouvoir vous parler une heure à deux genoux,
Mais il fallait franchir une immense barrière,
Et, croyez-le, je n'ai cherché votre colère
Que pour avoir au moins quelque chose de vous.

*

Une des cruautés de la vie : aimer à parler de soi et se rencontrer avec quelqu'un qui a le même travers.

*

Une apposition de scellés, c'est une formalité qui consiste à mettre des cachets à la cire sur les meubles d'un décédé, aussitôt après que les collatéraux ou les domestiques ont eu le temps de tout voler.

*

« Vous avez tort, ma chère, de poser comme vous le faites. Tout le monde sait que vous allez au Mont-de-Piété.
– Cela prouve que j'ai quelque chose à y mettre ! »

*

Quelqu'un demande l'adresse de X, ce bohème sans ressources :
« Son adresse, c'est bien difficile. Il la cache à cause de ses créanciers.
– Des créanciers, lui ? le vantard ! »

*

Récemment arrivé à Paris, un boulevardier de la Cannebière disait avec vanité :
« A Marseille nous avons eu un mètre de neige !
– En long ? »

*

Séparé de sa femme depuis plus de quatre ans et apprenant qu'elle venait d'accoucher, le marquis annonça : « Le ciel a béni notre désunion ! »

*

« Ce docteur G... est un homme charmant. Si vous saviez comme il prend gaiement la vie !
– La vie des autres ? »

*

[redacted]

La mer : la plus grande fabrique de coquillages du monde entier.

*

« C'est toujours agréable d'être nommé maréchal de France.
– Surtout pour un militaire ! »

*

« Comment, soixante-dix francs de lait pour un mois !
– Monsieur sait bien, dit la cuisinière, que rien ne monte comme le lait ! »

*

La modestie, c'est la housse du talent.

*

C'est surtout quand les journées paraissent longues que les années passent vite.

*

Les meilleurs discours d'un homme politique sont toujours ceux qu'il n'a pas faits.

*

Les mariages ont leur lune de miel ; les veuvages aussi.

*

Dialogue d'actrices.
« Comment va Blanche ?
– Toujours couchée.
– Elle doit gagner bien de l'argent ! »

*

« Docteur, accourez vite, ma femme vient d'avoir une faiblesse.
– Pour qui ? »

*

Son sommeil est si profond, que le matin il faut envoyer chercher une écaillère pour lui ouvrir les yeux.

*

« Tous les honnêtes gens seront pour vous.
– C'est bien ce que je crains, il y en a si peu ! »

*

En toute chose, ne prenez pas pour le démolisseur celui qui pleure au milieu des ruines.

*

La littérature, quand elle n'est pas un art, est au moins une profession libérale.

*

Il est plus facile de crier contre le monde que d'y tenir sa place.

*

Prêtons quelquefois de l'argent à ceux qui en ont besoin, et empruntons-en souvent à ceux qui peuvent s'en passer.

*

Il ne peut pas y avoir de monarchie dans les planètes, parce qu'elles accomplissent toutes une révolution.

*

Il faudrait en finir avec les gens qui ont un air dégoûté de la vie ; c'est d'un mauvais exemple pour ceux qui s'accommodent de tout.

*

L'homme est un quadrumane à qui la fourrure manque sur la plus grande partie du corps.

*

En politique on ne discute plus, on insulte.

*

La gaieté de l'homme conserve la beauté de la femme.

*

N’oubliez jamais que tous les hommes sont égaux devant la poignée de mains.

*

Dans le *Dictionnaire* des familles qui ont fait modifier leurs noms depuis 1803, que de geais devenus paons et pendards – et qui ne seront jamais pendus.

*

Cambronne a bien fait de mourir. S’il eût vécu de notre temps, il se serait égosillé.

*

La politique est une entreprise d’autant plus facile qu’elle consiste à tromper des gens qui se doutent qu’on les trompe.

*

Parmi les mauvais sentiments de l’homme, la jalousie du passé est l’un des plus communs.

*

Le hasard est un galant homme que j’ai toujours chargé de mes affaires, qui les fait et qui ne m’en parle jamais.

*

Une femme qui se donne n'est pas toujours une femme qui se perd.

*

Les seuls bons albums d'hommes célèbres sont ceux qu'on ne commence jamais. Car on ne peut espérer la gratitude des personnages qu'on loue et moins encore celle des gens qu'on blâme.

*

Un homme d'esprit ne se pardonne jamais l'approbation d'un sot.

LES REDOUTABLES COUPS DE MONOCLE D'AURÉLIEN SCHOLL (SUITE ET SANS FIN)

Un boursier-escroc qu'il connaissait froissait rageusement devant Scholl une lettre anonyme où était écrit : « Vous êtes un voleur. »
« Si je savais, quel est le misérable... »
Scholl, après avoir examiné le papier :
« C'est drôle, on dirait l'écriture du procureur de la République. »

*

Fraîchement décoré de la Légion d'honneur ce confrère sans talent avait son ruban rouge qui sortait continuellement de sa boutonnière. Elle est trop large, dit quelqu'un.
« Je ne crois pas, voyez.
– Alors, expliqua Scholl, c'est qu'il y a des moments où elle ne peut pas s'empêcher de rire. »

*

Zola avait attaqué Scholl, « ce bourgeois dévoyé » : « Je ne connais pas dans le domaine de la pensée d'homme plus ordinaire, de cerveau plus épais. » Aussi, après l'un des multiples échecs de Zola pour entrer à l'Académie, Scholl de se venger : « Zola à l'Académie ? Allons donc ! Impossible de le nommer : il faudrait percer le fauteuil ! »

*

D'un romancier populaire qui soignait mieux son style que sa personne :
« Ce diable d'homme a du talent mais il a l'esprit diablement noir.
– Et par malheur, ajouta Scholl, il en a jusqu'au bout des ongles ! »

*

« X... ne vient plus au cercle parce qu'il est très malade. Il est à moitié gâteux.
– A moitié, dit Scholl, il va donc mieux ! »

GEORGES FEYDEAU

« Ah ! mes enfants nous allons faire du bon ouvrage aujourd'hui ! Nous allons commencer par l'acte II. *» Et Feydeau le noctambule, levé vers midi comme chaque jour, arrivait très frais vers cinq heures au théâtre. Où les comédiens, qui avaient déjà répété tout l'après-midi, voyaient avec terreur leur travail redoubler. C'est que rien aux yeux de l'auteur perfectionniste n'était suffisant pour le théâtre.*

Né auteur dramatique à Paris en 1862, Georges Feydeau finit dramatiquement, le 5 juin 1921 dans une maison de santé de Rueil. Il avait tant joué de la vie des autres en recréant leur personnage que son esprit se joua de lui en s'emparant de sa raison.

Dire Feydeau c'est penser comédie. Il se fond dans son œuvre. Elle débuta par une révélation quand garçonnet on l'emmena la première fois au théâtre. Il en sortit ébloui. Le lendemain matin il écrivait une tragédie. Dès lors acteur adolescent, jeune imitateur, diseur de monologues, auteur de vaudevilles, créateur de personnages

comme Molière et consacré maître du rire, il ne cessera plus.
D'abord de produire. Cent soixante-trois pièces. Il en détruisit lui-même pas moins de cent vingt. Parmi les survivantes, les titres forcent la mémoire. Après Amour et piano *et* le Diapason, *les premières, il remporta en 1887 son premier triomphe :* Tailleur pour dames. *Il traverse une période de cinq années de défaveur et en 1892, connaît une reconquête triomphale avec* Champignol malgré lui *joué plus de mille fois et* Monsieur chasse. *Alors, jusqu'en 1916, une à quatre pièces par an, les beaux soirs du vaudeville s'ornent de :* Un fil à la patte, L'Hôtel du Libre-Échange, Le Dindon, La Dame de chez Maxim's *qui fit plusieurs fois le tour du monde,* La Main passe... *Et j'en passe.*
Ensuite en a-t-il eu du succès, en a-t-il eu ! Succès d'estime puis beau, grand, gros, énorme, éclatant, phénoménal, prodigieux, fabuleux succès ! A quoi ont succédé des triomphes ininterrompus dans toutes les langues, sur tous les continents.
C'est que le théâtre de Feydeau était drôle, cocasse, mouvementé, vivant, vrai. Plein de trouvailles, foisonnant d'imbroglios, d'incidents, de quiproquos. Riche de mots, bien vu, bien monté, logique. Le plaisir ! Un plaisir qui déclenchait des déferlements de joie et secouait de rire tous les théâtres. C'était même un peu canaille ce qu'il faisait là. Nom d'un chien ! que de maris épinglés, que de cocus ! Et hop ! c'est pas mon père ! Tout cela au

milieu d'applaudissements enchaînés d'un public 1900 qui se reconnaîssait.

Tant de passion triomphante aurait dû aboutir au bonheur. Feydeau le laisse passer. Sa vie parisienne se partagea entre le Boulevard où il a son guéridon, et Maxim's *où il avait sa table attitrée voisine de celle d'Émilienne d'Alençon. Ici et là, il observait les habitudes et les habitués, un peu distant, un peu à part. Comme perdu dans le nuage qui s'échappait de son havane.*

Marié à la jolie fille du peintre officiel Carolus-Duran, il avait quatre enfants. Il était surtout dévoré du vice de jouer à la ville ce qu'il gagnait de la scène. Il perdait la nuit des sommes considérables sur les tables de jeu et le jour dans les spéculations qu'il hasardait. Pour se renflouer il vendait sa collection de tableaux impressionnistes. Pour payer ses dettes il travaillait à de nouvelles pièces. Les cercles qu'il fréquentait étaient vicieux. Et son ménage sombrait dans une transposition de théâtre. Sa femme, très belle, devenait très aigre. Georges Feydeau peignait par plaisir. « Tu barbouilles, lui disait-elle, puisque tu ne vends pas. » Il se servira de cette réflexion dans Feu la mère de Madame *: « T'as jamais bien peint qu'une chose... ma baignoire... au Ripolin. »*

*Quel pétrin ! Dont il se sortait avec pertes – en allant demeurer dix années à l'*Hôtel Terminus *près de la gare Saint-Lazare. Non loin des théâtres, des cafés, des boulevards. Il y restait attablé de plus en plus tard la nuit, avec des amis qui notaient ses « mots » que le Boulevard colportait. Car dans ce domaine aussi il était* *passé maître sans efforts. Esprit d'à propos, paradoxes, la repartie hautaine ou cordialement glacée, il n'a ménagé ni les sots, ni les fats, ni les riches, ni les confrères plagiaires. Ni les fêtards de chez* Maxim's. *Où, besogneux alimentaire, il restait l'auteur Feydeau qui puisait là ses dialogues et ses modèles. Écoutant, scrutant au-delà d'elle-même la clientèle, face à un jéroboam de champagne rempli d'eau gazeuse, et méditant sur les fresques ornées de femmes-fleurs, les ors, les acajous et les glaces. Comme Hugo, l'impassible maître d'hôtel et Gérard le chasseur cérémonieux. Indifférent aux causeries oiseuses, il laissait se dérouler le spectacle d'un monde où l'on s'ennuie tout de même. Qu'il quittait pour celui des badauds du Boulevard.*

Personnalité des plus célèbres du Paris nocturne, il stationnait du Napolitain *au* Café anglais, *à celui des* Variétés, *de* l'Ambigu, *chez* Veber, *chez* Durand, *chez* Véron, *fréquentations d'un amuseur solitaire et désabusé. Il abandonnait aux potineurs ses boutades comme des cartes de visite. En réalité, depuis longtemps il menait tout sans joie particulière, ses pièces comme sa vie. Seul un petit nombre d'amis de la même qualité que la sienne, Courteline (les deux hommes se portaient une admiration mutuelle), Desvallières, les Guitry, Capus, Tristan Bernard satisfaisait à ses critères d'amitié.*

Il atteignait la cinquantaine. Une neurasthénie sans fond le minait. En 1916 il cessa d'écrire. La syphilis s'empara de ce génie théâtral. En attaquant les centres nerveux, elle provoqua des troubles psychiques qui nécessitèrent

son séjour en maison de santé. Il y mourut. Pauvre fin du plus grand comique après Molière. Une foule énorme l'accompagna au cimetière Montmartre.
Et comme à Molière, devant les reprises triomphales de ses vaudevilles on peut lui dire encore : « Le public te trouve bien ! »

Certains maris ne sont bons qu'à être cocus et encore faut-il que leurs femmes les aident.

*

Une femme ne doit pas battre un homme. C'est antistatutaire.

*

« Quand son imbécile de mari est mort, une femme a trouvé dans ses tiroirs un paquet de lettres l'édifiant sur sa fidélité relative. Alors fureur : « Ah ! il m'a trompée, je le tromperai à mon tour ! »
« Je comprends, elle fait des cornes à sa mémoire ! »

*

L'argent ne fait pas le bonheur. C'est même à se demander pourquoi les riches y tiennent tant.

*

« Quel admirable diamant !
– C'est un solitaire.
– Voilà peut-être son seul défaut ! »

*

Quel est l'idiot qui a fichu Paris de ce côté-ci du globe ?

*

« J'étais à l'office en train de nettoyer les fourchettes quand j'ai vu arriver l'écuyère !
– Les cuillères ? ah ! Madame Miranda ! »

*

« Vous avez l'air joliment pincé !
– Moi ? Vous n'y pensez pas, elle a sa mère !
– Ah ! c'est une chance de moins !
– Et puis, elle est mariée !
– Ah ! c'est une chance de plus ! »

*

Les femmes sont ce que les maris les font.

*

« Il y a Troyes et Troie... ce qui fait deux.
– Permettez... trois et trois font six. »

*

« Je demande la main de votre seconde fille.
– Je n'en ai pas.
– Je ne suis pas pressé. »

*

L'amant a le devoir de se laisser tuer s'il tient à montrer qu'il sait vivre.

*

Le second mari c'est un peu comme le dîner des domestiques : ça a déjà passé à la table des maîtres.

*

Monsieur : « Par hasard, les... Hébrides... vous ne savez pas où c'est ? »
La femme de chambre : « Les Hébrides ? »
Monsieur : « Oui. »
La femme de chambre : « Ah ! non... non ! C'est pas moi qui range ici ! c'est madame ! »

*

Le chirurgien : Une opération n'est jamais inutile. Elle peut ne pas profiter à l'opéré... elle profite toujours à l'opérateur.

*

Ah ! quel dommage qu'on ne puisse pas avoir un amant sans tromper son mari !

*

Il n'y a que dans ces courts instants où la femme ne pense plus à ce qu'elle dit, qu'on peut être sûr qu'elle dit vraiment ce qu'elle pense.

*

« Qu'est-ce qu'elle avait ? (allusion à une cliente du médecin)
– Rien. J'ai fini par l'en guérir. »

*

« La jeune fille est jolie ?
– Si elle est jolie ! soixante mille livres de rentes. »

*

Ah ! si je n'étais pas son ami intime !... Et si j'étais sûr de réussir auprès de sa femme !

*

Lucette (parlant d'un homme qui est affligé d'une mauvaise haleine) : « Mais c'est un si brave garçon ! En voilà un qui ne ferait pas de mal à une mouche ! »
De Chenneviette : « Oui ! ça encore, ça dépend de la distance à laquelle il lui parle ! »

*

Les maris des femmes qui nous plaisent sont toujours des imbéciles.

*

La paresse c'est la mère miraculeuse du travail... parce que le père est totalement inconnu.

*

Nous autres femmes... c'est le contraire des militaires, nos années de campagne comptent moitié.

*

« Le marchand d'antiquités m'a dit qu'il avait une nouvelle acquisition, une pièce rare, une ceinture de chasteté du quatorzième.
– Du quatorzième quoi ?
– Du quatorzième cocu, probablement. »

*

Tout le monde peut être mari. Il suffit d'être agréé par la famille... et d'avoir été admis au conseil de révision.

*

L'amant c'est l'artiste de l'amour. Le mari n'en est que le rond-de-cuir.

*

« Poteau est mort ? Oh !... pauvre Poteau !
– C'est triste, hein ? à *nôtre* âge. »

*

Ah ! si on pouvait voir les femmes vingt ans après, on ne les épouserait pas vingt ans avant.

*

Le domestique : « Non, monsieur ; Monsieur n'est pas là. »
Le visiteur : « Allons donc ! Le concierge m'a dit qu'il y était. »
Le domestique : « Et moi, c'est Monsieur lui-même qui vient de me dire qu'il n'y était pas. Il doit le savoir mieux que le concierge. »

*

C'est toujours au moment de se lever qu'on a le plus envie de dormir. Donc l'homme devrait attendre qu'il se lève pour se coucher.

*

Les secrets des maîtres, ça ne regarde qu'eux... et les domestiques.

*

Le grand tort que nous avons, nous autres femmes, c'est pour amant de rechercher toujours un homme que nous aimons, alors que la vérité serait d'en chercher un qui nous aime.

*

On n'achète pas les tableaux parce qu'on les aime, on les aime parce qu'on les achète.

*

« La voilà duchesse de la Courtille !
– Ça fera peut-être une petite dame de moins, ça ne fera pas une grande dame de plus. »

*

« Cette chanson... ça manque de traits, c'est un peu gris !
– On sent bien que c'est la chanson d'un homme d'esprit...
– Qui l'aurait fait écrire par un autre ! »

*

« Moi, je vous fais une chanson comme ça du premier jet.
– C'est beau de pouvoir faire aussi mauvais que ça du premier coup ! »

*

Je ne croirai aux microbes que quand je les aurais vus à l'œil nu.

*

« Je n'ai qu'une parole, moi.
– Oui, une parole fluctuante. »

*

On ne fait jamais appel à votre titre d'ami que pour vous demander des corvées.

*

On peut douter de l'amour d'un homme qui vous dit « je vous aime », mais on peut être certaine de l'amour de celui qui fait tout pour vous le cacher.

*

Si les maris pouvaient laisser leurs femmes avoir un ou deux amants pour leur permettre de comparer, il y aurait beaucoup plus de femmes fidèles !

*

On donne un tas d'idées fausses aux jeunes filles dans les familles : on leur parle de la fidélité conjugale... alors elles s'imaginent que c'est fait pour le mari.

*

« Ici la mer tout à vous, la mer toute vierge.
– Mais non ! elle a l'air comme ça ; mais c'est la même qu'à Roscoff. Elle fait sa vierge ici, et là-bas elle s'est donnée à tout le monde ! »

*

Ce n'est pas quand mon mari me trompe que je vais songer à en faire autant. C'est bon quand on n'a rien d'autre à penser ces choses-là !

*

« Une nuit, j'étais très amoureux à mon habitude ; je m'en étais exprimé à madame Chandebise qui en avait accueilli aussitôt l'expression. Quand tout à coup, un malaise, un trouble, je me suis senti devenir (*voix d'ange*)... enfant, enfant, tout petit enfant !
– Diable ! c'est raide !
– Si on peut dire ! »

*

Le mari (en fausse crise) : « Dans ces crises-là tourne-moi au nord... Aha... Tourne-moi au nord !
L'épouse – Mais est-ce que je sais où il est le Nord ?
– En face du Midi ! »

*

« Mais tu as donc le vice de la boisson ?
– Non ! Je me suis dit : “Un savant doit tout connaître.” Alors tu vois d’ici la suite !
– Tu appelles ça la suite ? Tu es bien bon de mettre une cédille ! »

*

« Voici un plafond de Fragonard.
– Ah ! très joli ! De quelle époque ?
– Eh bien ! de l’époque de Fragonard ! »

*

« J’ai perdu ma femme. Elle m’a été enlevée dans l’espace de cinq minutes !
– Enlevée ! par une attaque d’apoplexie ?
– Non ! Par un militaire. »

*

Dire que monsieur est médecin et qu’il ne profite pas de son privilège pour se débarrasser des gêneurs !

*

En amour, quand elles s’y mettent, ce sont les femmes du monde qui font le moins d’embarras.

*

« Sa femme ! tout le monde se sauverait, c’est une basilique !
– Et les basiliques, c’est si peu fréquenté ! »

Un de ses amis le rencontre sur le Boulevard, bavardant familièrement avec quelqu'un que Feydeau néglige de présenter. Le quidam parti, l'ami demande :
« Qui était-ce ?
– Je n'en sais absolument rien, mais je le connais depuis si longtemps que je n'ose plus lui demander son nom. »

*

Feydeau n'était guère sportif. Un chasseur de restaurant veut l'aider à mettre son pardessus, Feydeau arrête son geste : « Laissez, c'est mon seul exercice. »

*

Un obsédé des honneurs s'écrie à la cantonade :
« Ça y est ! cette fois j'ai frisé la croix !
– Ah ! murmure Feydeau, il frise maintenant ? Autrefois il se contentait de raser. »

*

On demande à Feydeau qui n'aimait rien tant que Paris :
« Y a-t-il un coin de campagne où vous aimeriez bien vivre toute votre vie ?
– Oui, j'en ai connu plusieurs et c'est généralement celui où trois heures après je m'écrie : "Mon Dieu ! A quelle heure est-ce qu'il y a un train ?" »

*

Lucide comme tous les grands comiques, pendant la guerre de 14-18 il ne ménagea ni les nantis, ni les politiciens, ni les embusqués.
« Pour moi, déclare un industriel enrichi par les fournitures aux armées, les véritables artistes doivent être pauvres.
– C'est comme si, lui rétorque Feydeau, vous disiez que les industriels ne doivent pas avoir d'esprit. »

*

Il ne faut pas trop abîmer les embusqués, après la guerre c'est la seule jeunesse qui nous restera.

*

L'amitié de Feydeau pour de Flers n'excluait pas les petits châtiments : « Tous les soirs, dit Feydeau, de Flers entre dans tous les cafés du Boulevard, va à la caisse et demande : On n'a pas laissé un "mot" pour moi ? »

*

Il y a deux choses dans la vie, d'abord l'amour qu'on éprouve, et c'est ce qu'il y a de plus agréable, mais c'est un luxe. Puis l'amour qu'éprouvent les autres et celui-là donne le luxe.

*

Quand on peut se dire : « Ah ! ah ! cet homme-là, vous auriez bien voulu l'avoir... Eh bien ! c'est moi qui l'ai, et vous ne l'aurez pas ! » C'est pas autre chose, l'amour !

*

Un beau jour on se rencontre chez le maire... Il vous fait des questions... on répond « oui » comme ça, parce qu'il y a du monde, puis quand tout le monde est parti, on s'aperçoit qu'on est marié. C'est pour la vie.

*

On peut changer d'affection ! Le cœur ça se déplace.

*

« Je suis fatigué.
– Après onze heures de lit !
– Ça ne vaut pas six heures de sommeil. »

*

« Vous ne sentez donc pas la cruauté du supplice que vous m'imposez ? Celui d'un homme à qui l'on servirait toujours l'apéritif et qui ne dînerait jamais. »

*

Pontagnac : « Si vous saviez combien je suis marri.
Lucienne – Avec 2 *r* ! prononcez bien.
Pontagnac – Avec 2 *r*, oui ! Oh ! je sais bien qu'avec un r...
Lucienne – ... Vous l'êtes bien peu. »

*

Quand une femme parle, c'est pour ne rien dire, donc, quand elle ne dit rien, c'est qu'elle parle.

*

« Jusqu'à Concarneau, vingt-deux kilomètres à bicyclette ! Dix pour aller, douze pour revenir.
– Tiens ! pourquoi deux de plus pour revenir ?
– Parce que ça monte. »

*

Quand on a une lettre de femme, une lettre qui peut la compromettre, on ne la fourre pas dans la poche de son pantalon. Il n'est pas difficile de se dire : « Qu'est-ce qui arrivera si le mari met mon pantalon ? »

*

« Alors vous êtes devenue...
– Cocotte, oui, madame.
– Oh ! mais comment avez-vous pu tomber à...
– L'ambition ! »

*

« Tu n'auras plus à sortir de chez toi, nous nous aimerons ici ! dans la maison. C'est bien plus pratique !
– Oh ! oui ! Et plus convenable pour mon mari ! »

*

La jeune génération est très inférieure à la nôtre. Tout de même... si je pouvais en faire partie !

*

Quand les maris découchent, les pendules de leurs femmes battent toujours la breloque.

*

Lui : « Moi ! Moi j'ai la folie des grandeurs ? C'est admirable ! j'ai la folie des grandeurs !
Elle – Mais il n'y a qu'à te voir ! en quoi te déguises-tu ? En Roi-Soleil ! Te mettre en Roi-Soleil... par un temps de pluie ! »

*

Le député : « Vous m'avez traité partout de vendu ! de pourri ! de mouchard ! de résidu de la décadence !
Le maire – Ça n'enlève rien à l'estime, croyez-le bien ! »

*

Quand un homme marié a une occasion, ce n'est pas pour l'abandonner à un célibataire.

*

Avec de la paresse et de l'entêtement, on est toujours sûr d'arriver à quelque chose.

*

Dans n'importe quel ménage, quand il y a deux hommes, c'est toujours le mari qui est le plus laid.

*

« Tu ne te rappelles pas Chanal ?
– Attends donc ! c'est pas un petit dont on disait que le père était cocu ?
– Mais non, voyons, c'est moi ! »

*

Une salle de mairie, on s'y met la corde au cou mais on ne s'y pend pas.

*

Qu'est-ce donc que l'honnêteté des femmes ? c'est l'opinion publique.

*

La Société, c'est elle qui a institué ce... fonctionnaire, « le mari ».

*

L'amant : « L'époux n'est que le mari que la société vous donne, tandis que l'amant, c'est le mari que le cœur choisit !
Elle – Un mari en second.
L'amant – C'est ça, un lieutenant. Ce sont toujours eux qui font la besogne. »

*

Le lit c'est comme en chirurgie, il ne faut pas étaler les instruments d'avance.

*

« J'ai le nez israélite moyen !
– Eh bien, oui ! on ferait deux catholiques avec. »

*

« Alors, comme ça, t'es roi ! Je me figurais qu'un roi c'était un homme avec une couronne sur la tête, une boule dans la main et un bâton dans l'autre.
– Merci ! avec quoi je me gratterais ?
– Justement ! je pensais que c'était pour ça qu'il y avait toujours une main au bout du bâton. »

*

« Depuis que je la connais, j'ai vingt ans de moins.
– De là à avoir vingt ans de plus, il n'y a qu'un pas. »

*

La mère faisait des ménages, la fille les défaisait.

*

On a toujours trop d'égards pour les hommes, c'est comme ça qu'ils deviennent égoïstes.

*

Est-ce qu'on devrait encore apprendre la géographie aux enfants à notre époque ! avec les chemins de fer et les bateaux qui vous mènent tout droit ! et les indicateurs où l'on trouve tout !

*

Nous avons soixante-six printemps ; mais c'est toujours des printemps !

*

Le gérant de l'hôtel : « Monsieur et Madame, chambre à un grand lit ou deux lits ?
Le voyageur – Deux lits ! nous sommes mariés. »

*

Un amant, c'est comme un mari, il y a des choses qu'on ne lui dit pas.

*

L'amour, ça demande le plein feu... c'est pas une chose qu'on entretient au bain-marie.

*

Mourir de faim, ça ne se comprend que lorsqu'on a bien dîné.

*

Léonie (sur le point d'accoucher) : « Songe qu'on ne l'attendait qu'à partir du 20 du mois prochain ! Et un mois et quatre jours d'avance !
Son mari – Oui ! ça... Il se presse un peu ! Maintenant, au fond, est-ce un mal ? Il aura toujours un mois et quatre jours de plus que les gens de son âge. Quelle avance sur les autres ! »

*

Léonie : « Ce sera un garçon oui, maman !
Sa mère – Ah ! Tu sais ça d'avance, toi !
Léonie : « Nous n'avons jamais envisagé autre chose qu'un garçon.
Sa mère – Ah ! alors... et si c'était une fille ? Alors quoi ! on la rentre ? »

*

On ne mange pas par faim, on mange parce que c'est son heure.

*

Moi je suis de la vieille école ! la bonne ! celle qui ne fait pas de progrès.

*

« Vous saurez qu'ici c'est une maison de luxe ! un hôtel... comme il faut ! où il ne vient que des gens mariés !
– Oui mais pas ensemble. »

*

En politique, il faut être canaille.

*

« Comment veux-tu que je te comprenne ? Tu me parles à contre-jour... je ne vois pas ce que tu veux dire ! »

*

« Moi j'ai trente-six ans !
– Oh ! comme c'est jeune ! A cet âge, un homme est encore presque un enfant.
– Un enfant ! Un enfant qui pourrait être son père ! »

*

« On se crée de nouvelles connaissances dans la vie, mais un camarade d'enfance, ça ne se refait pas !
– Oui... surtout à notre âge ! »

*

« Je t'ai surprise... A moitié déshabillée... dans les bras d'un Anglais !
– Moi ?
– Oui, toi, oui, toi !
– D'un Anglais ? Moi ? Moi ? Mais comment aurais-je fait ? Je sais pas l'anglais ! »

*

C'est toujours quand la Chambre est en vacances que le pays est le plus tranquille.

*

Nous passons devant une prison... et la preuve, c'est qu'il y avait écrit sur tous les murs « Liberté-Égalité-Fraternité ».

*

J'aime encore mieux du sale argent qu'on a que du propre argent qu'on n'a plus.

*

Angèle : « Tromper mon mari, un des premiers peintres de l'époque ! Non je ne veux pas qu'on puisse dire de lui comme de tant d'autres maris qu'il est... (*A ce moment la pendule sonne la demi : "Coucou"*). Vous dites ?
Lui – Ce n'est pas moi ! c'est la pendule !
Angèle – Ah ! je l'espère ! »

*

Après l'accouchement de sa femme :
« Il me ressemble beaucoup le petit.
– Eh bien ! mais... c'est bien ça ! c'est une attention ! car enfin... rien ne l'y forçait ! »

*

Des amants qui n'ont pas dormi ensemble, c'est pas des amants : c'est des gens qui ont eu des rapports... et ça, c'est ce qu'il y a de moins bon dans l'amour.

*

« Ministre de la Marine ! tu ne sais même pas nager ! »

« Mon cher Maître, m'avez-vous vu dans la pièce des *Variétés* ? lui demanda un comédien.
– Mais certainement, cher ami, certainement. Et même je vous en demande bien pardon. »

*

Il était attablé avec Marcel Simon, son interprète préféré, et celui-ci vit entrer une femme ravissante.
« Oh ! retournez-vous, une femme sublime... peut-être la plus jolie que j'aie jamais vue.
– Racontez-la moi, dit nonchalamment Feydeau sans se retourner. »

*

Jugeant la pièce un peu longue, un directeur de théâtre veut couper dans le texte de *Mais n'te promène donc pas toute nue*. Marcel Simon est envoyé en conciliateur auprès de l'auteur.

« Combien leur faut-il, interrogea Feydeau, intraitable sur ses textes.

– Dix minutes.

– Combien de pages pour dix minutes ?

– Vingt pages.

– C'est bon. Dites-leur de commencer page 21. »

Le directeur se résolut à jouer sans coupures.

*

Souvent pillé par des confrères, l'un d'eux l'encensait : « Maître, votre théâtre est pour nous un précieux enseignement, c'est une véritable école...

– Oui, oui, dit Feydeau, une école des mines ! »

*

Un autre pilleur de mots à qui on venait de répéter une réflexion charmante de Feydeau, lui dit :

« Mon cher, très drôle. C'est de vous ?

– Oui, mais plus pour longtemps. »

*

Voyant passer une femme très grande au bras d'un petit homme il dit : « Décidément, elle est mieux comme homme que lui comme femme. »

*

L'insupportable gamin d'une baronne légère se réfugiait sur les genoux de sa mère pour échapper au père qui grommelait.
« Quel enfant ! Toujours fourré dans les jupes de la baronne !
– Hé, hé ! murmura Feydeau, il s'y fera de belles relations ! »

*

Chez un libraire du Boulevard un boursier s'apprêtait à acheter *Comment on devient riche*. Connaissant l'homme, Feydeau s'approcha : « Je te conseille en même temps d'acheter le *Code pénal.* »

*

A la représentation d'une opérette, la jeune première, qui avait une jolie voix mais n'articulait pas les mots, chantait une belle romance dont on ne comprenait pas les paroles. « A cette femme-là, je confierais bien un secret », dit Feydeau à son voisin.

*

Dans une lettre, un monsieur voue une grande admiration à Feydeau, en même temps qu'il joignait le manuscrit d'une pièce en lui demandant son avis. La pièce était mauvaise. Feydeau la renvoya avec ses regrets à son auteur, qui en retour lui adressa une lettre furieuse se terminant par : « Et puis je vous emmerde ! »
A quoi Feydeau répondit : « Plus maintenant, cher monsieur, j'ai fini de lire votre pièce. »

*

Assez négligé de sa personne, Samuel, le directeur de théâtre, vient de remporter des succès de scène :
« Tu gagnes de l'argent, lui dit Feydeau, tu vas pouvoir soigner un peu ta toilette.
– Mais mon cher, je prends mon bain tous les matins !
– Possible... possible... seulement maintenant tu pourras changer l'eau. »

CAMI

Après le champagne de l'esprit, l'humour en bière. Cami, de son vrai nom Cami (Pierre), est né en 1884 à Pau. « Où son magnifique casino fermé toute l'année empêche les hivernants de se coucher tard. » A quatorze ans, il se sentit une vocation de toréador. A dix-neuf, il ambitionnait une carrière de comédien. « Montons à Paris », dit-il. Il monta à Paris. Il ne décrocha que des miettes de rôles ou des apparitions de bègue, de muet et de cocu. Et ne pouvant imposer son point de vue d'être costumé en noir pour interpréter les comiques ou d'être en cul-de-jatte pour jouer les facteurs, il se jeta dans le journalisme macabre.

A vingt-six ans il fonda le P.C.I., Le Petit Corbillard illustré, *organe corporatif et humoristique des Pompes funèbres. Ce bimensuel était la seule publication à ne pas reconnaître les Académiciens comme Immortels, et à risquer des légendes sacrilèges sous des dessins de croque-morts. En voici deux à préparer un défunt dans sa boîte de sapin : « Mets-y beaucoup de son, ça lui fera plaisir, c'était un musicien !» Humour, délices et morgue.*

Rédacteur en chef ayant moins d'abonnés que d'envieux, Cami dut enterrer le P.C.I. dès le septième numéro. Cependant ce petit homme replet, à l'œil noir, aux cheveux lisses et bruns, vêtu et chapeauté de noir avait déjà un style et un ton. Il en nourrissait des « fantaisies » qu'il écrivait semaine après semaine. Vint un jour où le Journal *en publia une. Puis plusieurs, puis hebdomadairement. Le chroniqueur Cami débutait une carrière incongrue de trente-neuf années.*

L'œuvre de Cami commença de croître et d'embellir. Une douzaine de journaux le sollicitaient, depuis le Rire *et* Fantasio *jusqu'au* Petit Parisien, L'Excelsior, Paris-Soir, *et même* L'Illustration *qui ne jouissait pourtant pas d'une réputation follette. Mais Cami avait pour lui des lecteurs de plus en plus nombreux et enthousiastes. Ses trouvailles étaient drôles, accélérées, farfelues, hors du commun. Sa notoriété enflait tel le bœuf qui veut devenir gros comme une grenouille. Ses créatures défiaient l'impossible. Le « Perceur-de-mystères », le « Désenglandé-de-la-Forêt-Vierge », « l'Accordeur-de-participes », « le Tailleur-au-regard-oblique », le « Dénoueur-de-souliers-pour-voyageurs-obèses » accomplissaient des exploits camiques. C'est-à-dire bousculant les usages et les siècles, mais non le bon sens. Le tout en un prologue et trois actes de quelques lignes. Saynètes lilliputiennes. Tragédies historiques ou comédies modernes menées calembour battant. De quoi déconcerter les*

intellectuels, qui faisaient la fine bouche en cul de poule. Et faire jubiler les fossoyeurs syndiqués.
Le public populaire ne boudait pas son plaisir. Cami résolut de réunir ses chroniques en volume. « Éditons Cami », dit un éditeur avisé. Il édita Cami. Gros succès, gros tirages, traductions, consécration. La cocasserie avait un Maître dans l'humour impayable. D'ailleurs très bien payé. Chaplin – qui voulut rencontrer Cami lors de sa tournée en Europe – le proclama « le plus grand humoriste in the world ». Des voix littéraires autorisées le saluèrent comme « l'Alexandre Dumas de la fantaisie », « le dernier trouvère », « un des écrivains les plus représentatifs de l'époque et le plus plagié ». Prévert applaudissait en Cami « une logique implacable, et simple comme un œuf de piano dans la cervelle d'une poule ». Une telle popularité ne troubla pas l'auteur, imperturbable et froid comme le marbre d'une pierre tombale.
Cami s'était marié. Maintenant sa voie était tracée. Elle sera balzacienne. Deux trois fois l'an, dans les décennies 1920 et 1930 puis après la guerre, il publiait titre sur titre, tous annonçant d'emblée leur singularité : L'Homme à la tête d'épingle, Les Aventures de Loufock-Holmès, Les Amours de Mathusalem, Quand j'étais jeune fille... mémoires d'un gendarme, Pour lire sous la douche... *Plus de quarante volumes, où se mêlaient prose, vers, caricature, théâtre, chanson, opérette, scénario, bande dessinée. En allant toujours plus loin dans l'anticonformisme, le non-respect, la loufoque-*

rie, les créations de ce travailleur infatigable étaient chaque fois plus surprenantes et hardies.

Dans son logis de Montmartre non loin d'un cimetière, il écrivait la nuit. Il avait remplacé les cafetières de Balzac par une consommation abondante de cigarettes. Il produisait une masse énorme et ponctuelle de pages délirantes dont tout le sel – fin et gros – aboutissait à une chute imprévisible. Il suffisait à ses personnages de s'écrier : « Oh ! j'ai une idée ! » aussitôt situations, espace, époques, invraisemblances s'escamotaient très naturellement. « "Allons dans la baleine", dit M. Rikiki. Il entre dans la baleine. » Cami s'amusait lui-même de ses extravagances alignées en virtuose. Il rebroussait les siècles. Il en égayait ses amis à son lever. C'est-à-dire vers midi. Quand enveloppé dans une bizarre robe de chambre multicolore, la mèche barrant son front, il prenait allègrement le thé dans son bureau qui était son Boulevard à lui.

Jusqu'à l'Occupation forcée il ne modifia en rien son mode de vie à l'envers. Heureux, facile, simple, souriant, il sortait peu, inventait beaucoup. Son bonheur : la famille Rikiki et la sienne. A la Libération il reprit son rythme forcené sans pour autant retrouver son public. Dont les goûts n'étaient plus les mêmes. Son éditeur avait sombré. Mais le sexagénaire impénitent continuait de produire. L'indifférence n'entama pas sa production, non plus que l'Académie de l'humour qu'il avait créée ou le Grand Prix de l'Humour international que lui décerna la presse italienne. Il écrivait toujours. Et beaucoup.

Comme de bien entendu. Erreur, puisqu'il devenait sourd. Et s'il ne courait pas après la gloire, c'est qu'il allait être amputé d'une jambe, puis de l'autre.
Le 3 novembre 1958, grand-père de soixante-quatorze ans, il quittait son domicile montmartrois de la rue Étex. Il laissait derrière lui un univers. Et un état d'esprit dont s'inspirèrent plus ou moins confusément Charlot, Max Dearly, Prévert, Ionesco, Pierre Dac, les Marx Brothers, les Branquignols, et tant d'autres pétardiers du verbe loufoque.
A ses débuts difficiles, pour être engagé, Cami répétait aux directeurs de théâtre : « Ça ferait tellement plaisir à mon père. » « Engageons-le », dirent enfin deux directeurs attendris.
Lisez-le. Ça ferait tellement plaisir à son père !

Le duelliste : « Mon adversaire est en retard !
Le témoin – Il vous prie de l'excuser et vous fait dire que vous pouvez commencer sans lui. »

*

« Depuis quelque temps la police ne retrouve pas souvent les assassins.
– Elle les traite peut-être par le mépris ! »

*

« Je suis ennuyé, mon théâtre est envahi par les rats.
– Pas étonnant : il n'y a jamais un chat ! »

*

« Pardon, monsieur, aimez-vous les enfants ?
– Je n'en ai jamais mangé... mais enfin... avec plaisir... »

*

Il était si myope que, sans ses lunettes, il n'était pas capable de faire la différence entre une botte de radis et une botte de gendarmes.

*

Diogène (à sa fille qui va s'unir au jeune-grec-au-profil-impeccable) : « Je te donne en dot mon célèbre tonneau-maison.
– Mais vous, cher Père ?
– Oh ! moi, je suis vieux. A mon âge je peux me contenter d'une bouteille. »

*

L'héroïque-soldat-de-plomb, seul survivant d'une bataille meurtrière de pois chiches : « Le pois chiche qui doit me tuer n'est pas encore poussé ! »

*

Le grand Inquisiteur : « Le tribunal, désireux de se montrer indulgent, vous accorde une grâce exceptionnelle en ce qui concerne le supplice de l'eau. »
Le cul-de-jatte-hérétique, légitimement curieux – Quelle grâce ?
Le grand Inquisiteur – L'eau que vous absorberez sera filtrée. »

*

Un archer : « Capitaine, nous n'avons plus de flèches.
Le capitaine des archers – Ça ne fait rien. Vous sifflerez tous ensemble pour imiter le sifflement des flèches. »

*

Le chasseur intrépide : « Me voici de retour, avec deux superbes tigres vivants ; nous aurons là deux beaux tapis.
La femme du chasseur intrépide – Mais il faut d'abord tuer les tigres ?
Le chasseur intrépide – Ce n'est pas nécessaire. Je compte les dresser à faire les tapis de bonne volonté. L'essentiel sera de ne pas les laisser tomber par la fenêtre lorsqu'on les battra pour enlever la poussière. »

*

Un jeune spectre : « A propos de maisons hantées, je lis dans les journaux qu'en France il est question d'un nouvel impôt sur le revenant.
Un vieux fantôme – Vous faites erreur, jeune spectre, vous confondez avec l'impôt sur le revenu.
Le jeune spectre – En tout cas, méfions-nous, on imposerait les revenants que cela ne m'étonnerait qu'à demi. »

*

« Permettez-moi de me présenter : je suis le fils des *Trois mousquetaires.*
Le noble vieillard – J'ai beaucoup entendu parler de "Messieurs" votre père. »

*

Le ressuscité (sortant de son cercueil) : « J'ai les bronches fragiles, il me faut de l'air, beaucoup d'air.
Le croque-mort – Le sapin est justement recommandé pour les bronches. Vous avez eu tort de sortir, c'était une excellente cure. »

*

Les choristes naufragés : « Construisons un radeau.
La basse chantante naufragée – Nous n'avons rien pour attacher les planches.
Le naufragé professionnel (après deux secondes de réflexion) – Que le docteur enlève à tous les artistes leurs cordes vocales. En attachant toutes ces cordes bout à bout, nous arriverons à ficeler notre radeau. »

*

« Je vais voir tous les dimanches mon fidèle valet de chambre retiré dans un asile d'aliénés. Sa folie est assez douce. Elle consiste à se gratter mystérieusement le crâne toute la journée en murmurant d'une voix sinistre : "Il y a une araignée au plafond". »

*

« C'est mon droit de vous tuer, puisque je vous ai surpris chez moi avec ma femme ! Et estimez-vous heureux d'en être quitte à si bon compte ! »

*

« Moi, messieurs, qui ne suis qu'un modeste cloueur de choucroutes...
– Cloueur de choucroutes ?
– Oui, c'est mon métier. Je plante des clous de girofle dans les choucroutes. »

*

REPRÉSENTATION

Premier spectateur en délire : « Nous allons entendre la célèbre basse chantante engagée à prix d'or.
Deuxième spectateur en délire – C'est un artiste unique au monde. Sa voix est si prodigieusement basse, qu'il chante sans qu'on entende le moindre son.
Troisième spectateur en délire – Quel artiste ! Sa voix est encore plus basse que la dernière fois. On entendrait une mouche voler. »

*

C'était le modèle des enfants de six ans et demi. Il ne se rongeait jamais ses ongles, mais comme c'était un bon cœur, il les donnait à ronger à ses petits camarades qui avaient ce vilain défaut.

*

Tous les enfants du marquis poussèrent des cris joyeux. Le vieux marquis ruiné venait d'improviser un arbre de Noël avec l'arbre généalogique de son illustre famille.

*

Le vieux postillon : « Voici la véritable mouche du coche ! Celle qui tira d'affaire le fameux coche dont parle le fabuliste ! On loue la mouche pour la montée ! Demandez la véritable mouche du coche ! »
Et la petite mouche faisait grimper la diligence en moins de temps qu'il n'en faut pour le raconter.

*

Un ogre avait déjà croqué les voyageurs d'une diligence. Il s'apprêtait à avaler les trois postillons quand une grosse plaisanterie de sa femme le fit éclater de rire. Sa bouche s'ouvrit. Et sous l'irrésistible poussée de ce rire formidable les malheureux postillons, tout humides de salive, furent projetés sur le visage de l'ogresse. « Dégoûtant personnage ! tu m'as lancé des postillons en plein visage ! »
Voilà l'origine de l'expression populaire : « lancer des postillons – ou postillonner ».

*

Le gouverneur de la Bastille : « Afin de déjouer vos plans d'évasion vous aurez un geôlier manchot.
L'Homme au masque de fer – Un geôlier manchot ? »
Le gouverneur de la Bastille – Oui. De cette façon, il ne pourra pas prêter la main à vos projets d'évasion. »

*

Les nuits de la Tour de Nesle

L'acte II, « Une orgie à la tour », ayant été interdit par la censure à cause de son dialogue lubrique, l'auteur prie ses fidèles lecteurs de l'excuser s'il remplace les répliques de ses personnages par des points de suppositions.

*

Les prisonniers de Louis XI

Louis XI : « Pourquoi cette cage est-elle éclairée ?
Le geôlier – Le prisonnier adore la lecture. Et pour s'éclairer il s'est frotté avec force les paumes des mains contre les barreaux de sa cage.
Louis XI – Pourquoi ?
Le geôlier – Pour avoir des ampoules. »

*

L'INGÉNIEUX TROUBADOUR (enfermé dans un cachot)

« Avec quoi scier les barreaux qui garnissent cette lucarne ? Oh ! Quelle idée ! »
(*Il chante* :)
« C'était trois jeunes pages
Jeunes pages du roi
Page un, page deux, page trois !

Vinrent trois autres pages
Portant la fleur de lis
Page quatre, page cinq, page six !

Vinrent encor trois pages,
Tout habillés de neuf.
Page sept, page huit, page neuf ! »
A deux cent vingt pages les barreaux tombèrent, complètement sciés par la chanson-scie.

*

« Mon mari est devenu subitement muet. Au cours d'une conversation un de ses amis lui coupa brutalement la parole ! »

*

LES CONSIGNES DU CAPITAINE

Le capitaine : « En cas de danger, la sonnette d'alarme se trouve placée dans la poche droite de mon veston.
Un passager – A quoi sert-elle ?
Le capitaine – Dès qu'une violente tempête est déchaînée, les passagers inquiets agitent la sonnette d'alarme. Immédiatement prévenu, j'accours et je leur lis les "conseils aux noyés". »

*

Le petit mousse (désigné pour être mangé par les passagers affamés) : « Au nom de la Paimpolaise qui m'attend au pays breton, accordez-moi un sursis.
Les passagers, après délibération – Par égard pour la Paimpolaise qui l'attend au pays breton, le dîner est renvoyé à demain. »

*

Lucrèce Borgia, furieuse de ne pas être aimée du chaste gentilhomme, a remplacé la peau de sa fiancée la pure et divine Lorenza par celle d'un vieux soldat écorché vif pour la circonstancc. Puis cllc convoquc lcs dcux amants, prisonniers chacun dans une geôle.
Le chaste gentilhomme : « Horreur ! c'est toi chère Lorenza. Mais qu'importe le physique, je t'aime toujours !
La pure et divine Lorenza – Cher fiancé, regarde ce visage grotesque !
Le chaste gentilhomme – Je ne vois que mon amour !
La pure et divine Lorenza – Regarde ce nez rougi.
Le chaste gentilhomme – Je ne vois que mon amour !
La pure et divine Lorenza – Regarde cette longue barbe poivre et sel !
Le chaste gentilhomme – Je ne vois que mon amour ! Viens ma Lorenza ! Loin des regards indiscrets nous pourrons vivre encore de bien douces minutes. Mais pour éviter le scandale, devant le monde, je t'appellerai grand-père ! »

*

Lagardère perdit son duel avec le cyclope parce qu'il ne put jamais lui placer sa botte secrète entre les deux yeux.

*

DÉBUTS DE RÉCITS DE CHASSE

Premier chasseur : « A peine avions-nous pénétré dans la forêt qu'un énorme gorille s'avança vers nous en grinçant des dents. "C'est un gorille !" s'écria mon oncle, après avoir examiné l'animal à travers une loupe...

Deuxième chasseur – Je longeais gaiement la rivière de mon pays natal, lorsque j'aperçus au milieu du courant une mouche qui se noyait. Sans hésiter, je plongeai dans la rivière et parvins à ramener la pauvre bête sur la rive. Quelques tractions rythmiques de la langue lui firent rapidement reprendre les sens.

Troisième chasseur – A cette époque, j'étais parti en Afrique pour chasser le rhinocéros avec un saladier. Un saladier rempli de fruits, d'herbes et de branches feuillues dont ces animaux sont friands. J'en mettais pour six rhinocéros et quand le mien, gloutonnement, avait enfin les yeux plus grands que le ventre, je visais cet œil plus grand que le ventre qui était une cible immanquable.

Quatrième chasseur – Ce dimanche-là, sept culs-de-jatte chasseurs virent avec stupéfaction une tortue partir à fond de train à travers la campagne... »

*

Tout cochon a dans son cœur un homme qui sommeille !

*

Du pays des Cocus, je ramenais un Cocu et voulus le vendre à un montreur de phénomènes. Mais il refusa de l'acheter en déclarant qu'il ne pouvait exhiber comme curiosité ce que l'on pouvait voir gratis à tous les coins de rues.

*

J'avais mis l'éléphant lilliputien dans la poche de ma culotte et me préparais à le montrer à toute la Cour, quand un cri d'horreur s'échappa. L'animal avait percé la poche, et par une partie imprévue de ma culotte sa trompe se saisissait d'un sucrier placé sur une table à thé. « Monsieur, me dit le roi courroucé, jamais un gentilhomme, même s'il a les deux mains embarrassées, ne prend un sucrier de cette façon ! Sortez ! »

*

Les filles de Loth

Après avoir dormi avec leur papa, qui fit le geste auguste du Semeur pour perpétuer sa race, les filles de Loth ont vu venir un jeune et beau garçon rescapé de Sodome. Il les épouse toutes les deux. Le soir même :
Le rescapé de Sodome (couché entre ses deux épouses) : « Je veux vous révéler le suprême frisson.
Je veux vous dévoiler...
Les filles de Loth – Ah ! non ! c'est inutile !

Nous sommes toutes deux d'une humeur plus tranquille ! Toutes ces amours-là ne nous conviennent pas !
Le rescapé de Sodome – Comment voulez-vous donc, alors ?
Les filles de Loth, pudiquement – A la papa ! »

*

Le grand-père à rouflaquettes : « Tu aurais pu mal tourner comme tant d'autres, chère Manon, te faire dactylographe, couturière ou modiste. Mais non ! Tu ne t'écartas jamais du bon trottoir, et nous n'eûmes pas une seule fois à nous plaindre de ta conduite, chère petite fille publique ! »

*

RÉCIT PAR LE BARON DE CRAC DE SES AMOURS CHINOISES AVEC UNE MANDARINE QUI AVAIT POUR LUI LE PÉPIN :
« J'avais été chargé par Sa majesté Louis XV d'aller quérir aux Indes une cargaison de derviches tourneurs, destinés à servir de ventilateurs dans les appartements du Roi... »

*

L'optimiste est un homme qui s'abrite sous une fourchette le jour où il va pleuvoir des petits pois.

*

Le valet de chambre chez la voyante :
« Trouverai-je une bonne place ou gagnerai-je à la loterie ?
– Les deux : je vous vois gagnant et placé ! »

*

Au restaurant :
« Saignant ou bien cuit votre bifteck, monsieur l'huissier ?
– Saisi ! »

*

Le Temps : « Les hommes sont complètement fous ! Ils ne cherchent qu'à aller de plus en plus vite !
La Mort – Bah ! nous les rattraperons toujours, sans courir ! »

*

L'avocat : « Si mon client a commis ce crime, c'est qu'il a perdu la tête !
Le président – N'anticipons pas ! »

*

« Vous auriez dû m'avertir, le chalet que vous m'avez loué est entouré de crevasses !
– Mais c'est un chalet tyrolien : un trou là, un trou là ct un trou là itou ! »

*

Le Goncourt : « Mais pourquoi ne couronne-t-on pas un roman-fleuve comique ?
– Il n'y en a pas. Tous les romans-fleuves se jettent dans l'amer. »

*

Le peintre : « Vous ne pouvez pas me payer ? Vous m'aviez pourtant dit que vous étiez l'esclave de votre parole.
Le client – Oui, mais depuis j'ai aboli l'esclavage ! »

*

Fait divers : Dans sa fureur alcoolique le misérable fabricant de lettres d'enseignes frappa sa femme avec N, lui fendit le crâne d'un coup de H et la précipita dans l'O.

*

Robinson : « Brave Vendredi ! Ta petite famille est toujours en bonne santé ?
Vendredi – Oui mon maître. Mon petit Mercredi a été un peu souffrant lundi, mais comme il a la bonne santé de son papa Vendredi, dès mardi, Mercredi était complètement rétabli. »

*

Le confort touristique ne sera qu'un vain mot, tant que l'on n'aura pas trouvé le moyen de capitonner les précipices !

*

L'épouse du lord ombrageux assiste de sa fenêtre à la mort du fidèle Vendredi qui s'est précipité sous les roues d'une diligence. « Oh ! l'horrible vision ! Pourquoi ? Oh, je comprends tout ! C'est pour m'avertir que le rendez-vous avec Robinson est remis à une date ultérieure ! (*Comptant les morceaux de Vendredi dispersés sur le sol* :) un, dcux, trois, quatrc, cinq, six, scpt, huit : Vendredi en huit ! »

*

« Grâce à la magie de Merlin mon alchimiste associé, mes citrouilles se transformèrent en autos parfaites à chaque coup de baguette... J'agrandis mon hangar-usine, suivie d'une autre, puis d'une autre et nos fabriques s'étendirent à perte de vue, dans la plaine de Gennevilliers. Puis je lançai la voiturette en série, à des prix défiant toute concurrence. En quelques heures, mes citrouilles alignées en longues files jusqu'à l'horizon étaient transformées en coquettes voitures prêtes à être vendues...
Ma marque devint populaire dans le monde entier, je parvins à sortir 600 autos par jour sans me surmener et à l'heure actuelle, je suis considéré comme le plus riche fabricant d'autos du vieux continent. Cette histoire est le récit positif de ma prodigieuse carrière industrielle : je suis M. Citrouillën ! »

*

Caché à l'intérieur du coucou géant, le chef de gare a surpris sa femme et le galant horloger. Il tue les coupables à l'instant où le mécanisme se déclenche et tel l'oiseau, le chef de gare disparaît dans la pendule.
Voix du chef de gare : « J'ai vengé mon honneur ! (*Perdant subitement la raison et éclatant d'un rire de folie* :) Ah ! Coucou ! Coucou ! (*Il se tue à son tour. D'une voix expirante* :) Il est coucou le chef de gare ! Il est coucou... le... chef... de... »

*

L'esclave : « Ne craignez rien, mes bons maîtres, j'ai une idée.
Le Maître – Brave et fidèle esclave ! Si tu réussis à nous sauver, je te ferai empailler. »

*

L'interviewer : « N'avez-vous pas quelques souvenirs personnels ?
L'invalide à la tête de bois – A part ma tête enlevée par un boulet à Austerlitz, je ne vois rien de bien marquant dans ma carrière militaire. »

*

Chœur des villageois inquiets : « Que fait Guillaume Tell ? Il devient fou ! Arrêtons-le ! Trop tard. Il a tiré ! Horreur ! la flèche vient de transpercer le fils Tell de part en part !
Guillaume Tell (devenu ivrogne depuis qu'il a monté sa fabrique de cidre grâce aux pommes récoltées sur la tête de son fils – et subitement dégrisé) – Ciel ! dans mon ébriété je me suis horriblement trompé ! Au lieu de placer la pomme sur la tête de mon enfant, j'ai placé mon fils sur la tête de la pomme ! Malédiction ! »

*

« Monsieur, c'est un chauve qui désire parler à Monsieur.
– Un monsieur chauve ?
– Oui, monsieur. Il m'a même dit que monsieur serait bien heureux de le revoir, vu qu'il est l'ami d'enfance de Monsieur.
– C'est impossible, aucun de mes petits camarades de classe n'était chauve. »

*

Le ténor à l'envers : « Depuis que je chante mes rôles la tête en bas et les pieds en l'air, en équilibre sur le crâne, je fais salle comble partout.
La femme du milliardaire – Asseyez-vous sur la tête, my love, et chantez-moi la sérénade de Toselli. »

*

« Vous avez connu mon oncle Tom, ce vieil original qui passait pour un peu fou ?
– Oui. On disait qu'il lui manquait une case dans le cerveau : la fameuse case de l'oncle Tom. »

*

Un cordonnier vendait des œufs de Pâques. Aussi son voisin le pâtissier essaya de vendre des souliers. Mais il dut y renoncer, à la suite d'une distraction qui lui fit chausser un client avec des chaussons aux pommes.

*

« Holà manant ! Prends cet enfant et cours le jeter à l'eau.
J'oubliais : attache-lui une lourde pierre autour du cou.
– Oh ! ce n'est pas la peine. Il ne sait sûrement pas nager à son âge.
– Fais ce que je te dis ! Tu ignores que cet enfant est le fils d'un plongeur de restaurant. »

*

« Nous voici dans le ventre d'une baleine, comme Jaurès.
– Jonas.
– C'est possible. Je suis très fatigué. »

*

Merda (Charles-André) gendarme (1770-1812). Le 9 thermidor, il fracassa la mâchoire de Robespierre d'un coup de pistolet. Merda mourut colonel à la Moskova.

MERDA

Ce nom qu'un chien ne voudrait pas ! Ce nom terrible !
Je préférerais, moi, m'appeler, – entre nous –
Caillou, Joujou, Hibou, Chou, Genou, Bijou, Pou !
Que de porter ce nom dont par plaisanterie,
Tous les gendarmes rient dans la gendarmerie.

Après son exploit, Merda fêté, promu, conquiert le cœur d'Irène de Chaverny que convoitait Robespierre.

MERDA

Dès demain – doux espoir ! – on publiera nos bans.
Ma sœur Angelina Merda doit justement
Se marier bientôt. On peut, que vous en semble,
Célébrer, cher amour, nos deux noces ensemble ? »

IRÈNE

Oui, ce sera charmant de se marier en chœur.
Est-ce un gendarme aussi qu'épouse votre sœur ?

MERDA

Non, c'est un officier fort bien de sa personne,
Bien élevé, sérieux... »

IRÈNE

Il s'appelle ?

MERDA

Cambronne ! »

*

Le suicidé complaisant : « Attention ! » (Il tire son revolver et se fait sauter la cervelle. A ce signal, les coureurs s'élancent.)

*

« Ma vieille tête en bois des îles...
– Eh bien ?
– J'ai dû l'engager au Mont-de-Piété. Celle que vous avez devant vous, celle qui vous parle, est une vieille tête d'occasion achetée en attendant mais ce n'est pas la vraie : Non monsieur ! je n'ai même plus ma tête "à moi" ! »

*

« Pour vous venger, iriez-vous jusqu'à désirer la mort de votre indigne maîtresse ?
– Oui, mais pas au-delà. »

*

Le peuple français a fait preuve de sagesse en tenant le raisonnement suivant : « Depuis des années nous choisissons pour nous représenter à la Chambre des hommes sensés qui, à peine élus, se transforment brusquement en fous furieux. Essayons le système opposé. En les choisissant fous ils se transformeront peut-être en sages ? »
Aujourd'hui nous possédons une Chambre recrutée dans nos cabanons nationaux. Si les fous restent fous, cela ne changera pas de l'ancienne Chambre.

*

Bonaparte : « Ça sent bon, par ici !
Mme Angot – C'est à l'occasion de la victoire, mon général, j'ai mijoté un plat à ma façon. Ma spécialité autant dire.
Bonaparte – Et quel est ce plat ?
Mme Angot – Le veau mère Angot !
Bonaparte, qui a mal compris – Le veau Marengo ? Bien trouvé ! Il sera immortel, comme ma victoire ! »

*

Souvent une évolution est une révolution sans en avoir l'R.

*

« En France tout finit par des chansons.
– Mais quelquefois par des Samson ! »

*

Dagobert, aux hommes d'armes qui ont saisi celui qui a failli l'assassiner : « Il faut qu'il dénonce ses complices ! Qu'on rissole ses pieds, qu'on lui mette sa pomme d'Adam sur la tête et qu'on la perce de flèches. Qu'on fasse tirer sa langue par quinze chevaux emballés. Qu'on lui plante un cerisier dans le nombril, et qu'on le pende par les pieds à ses cordes vocales ! (*à part* :) Je suis trop bon ! Ça me perdra ! »

*

Problème : Étant donné qu'une armée bat en retraite à raison de 50 centimètres à la seconde et qu'une armée en retraite bat des tapis à raison de 6 à l'heure, combien aura-t-elle fait de kilomètres quand elle aura battu 883 000 tapis, moins 15 emportés par le sirocco ? »

*

Dans le désert brûlant au temps des croisades.
Le croisé : « Cet horrible casque d'acier emmagasine la chaleur.
L'inventeur – Ce qu'il aurait fallu, c'était munir chaque visière d'un petit store pour éviter la réverbération. J'avais soumis cette invention à Godefroy de Bouillon, mais il n'a pas voulu faire poser des stores aux croisés. »

*

Le tavernier : « Le roi vient de condamner Marguerite de Bourgogne à être étranglée avec ses propres cheveux.
Le voyageur – Voilà l'inconvénient de la mode des cheveux longs ! »

*

« Certains suppôts de la réaction ont fait courir le bruit...
– Tout le monde n'a pas une écurie de courses ! »

*

La foi peut soulever des montagnes. Il suffit de peindre en rouge vif les barreaux de la cellule pour les arracher : le fer rougi devenu malléable se plie à volonté.

*

Le jeune homme se leva, sortit de sa poche un revolver, ajusta la glace à la vanille qui se trouvait au milieu de la table, et tira. La glace se brisa, le jeune homme remit son arme dans sa poche et dit : « Puisque la glace est maintenant rompue, causons, messieurs. »

*

A l'auberge, la servante était accorte et auvergnate, le menu copieux, les chaises en noyer et les water-closets au fond de la cour à droite.

*

Ils dressèrent l'oreille et rentrèrent en eux-mêmes, malgré que ce mouvement fût reconnu contraire à une bonne digestion.

*

Le noble seigneur poursuivi la nuit de la Saint-Barthélemy : « Malheur ! j'ai oublié mon épée dans ma chambre. Je l'avais mise à sécher sur une corde. »
Le laquais fuyant à ses côtés : « A sécher sur une corde ? »
Le noble seigneur : « Oui... c'était une lame fraîchement trempée. »

*

Le spirite au pianiste : « Minuit ! L'heure des évocations. Posons vous et moi, nos mains sur votre piano à queue et attendons que l'esprit de votre chien se manifeste. »
Un craquement terrible, et la queue du piano à queue s'agita frénétiquement de gauche à droite.

*

Le jeune homme : « Depuis quinze jours j'exerce le triste métier de faux bec de gaz pour un ivrogne fortuné. Pour comble d'infortune j'aime sa charmante jeune fille. Mais jamais je n'oserai lui en faire l'aveu. J'aurais trop peur qu'elle me réponde : "Une jeune fille de mon rang n'épouse pas un bec de gaz !" »

*

Interview de Prosper Bougnard, de l'Académie française et champion du monde des poids lourds :
« Craignez-vous le Jugement Dernier ?
– J'ai rien à craindre du Père Bon Dieu. J'ai entendu dire que "sa droite était terrible", moi c'est "mon gauche" qui est foudroyant. »

*

VOLTAIRE RESSUSCITÉ

« Un nez fin et busqué ornait jadis ma tête,
Mais, naissant de nouveau pour le Grand Jugement
Au son des cuivres en tempête,
Ne suis-je pas présentement :
Né en trompettes ! »

*

« Je m'aperçus que j'allais être mère. En apprenant la fatale nouvelle, ma mère eut un tel haut-le-corps que sa tête s'enfonça entièrement entre ses épaules. La malheureuse mourut étouffée. »

*

« Apprends-le aujourd'hui, ma fille, tu es un garçon !
– Enfer et damnation ! Vous ne pouviez pas m'avertir plus tôt ? J'ai un amant ! »

*

Le directeur de théâtre : « A l'occasion du 14 Juillet je donne *L'Évadé de la Bastille.*
– Et qui joue le rôle de l'évadé ?
– Le public, hélas ! »

*

Si on supprimait les « trottoirs d'en face » les piétons n'auraient pas besoin de traverser pour y aller. Ça supprimerait les embouteillages.

*

C'est drôle la vie tout de même, puisque le V majuscule de la vie est un chapeau de clown renversé.

*

Le président des ratophobes : « Le plus grand ennemi de l'humanité, c'est le rat !
L'assemblée des ratophobes – C'est les rats ! scélérats !
Le clown Pschutt – Pour tuer les rats il faut tuer toutes leurs femelles. Pour cela, placer des clowns dans tous les endroits où elles se trouvent afin qu'elles éclatent et crèvent en assistant aux "entrées comiques" : tout le monde sait bien que les clowns dilatent les rates ! »

*

Ce qu'il y a de meilleur dans l'homme, c'est le chien.

*

« C'est 20 F la consultation, dit le médecin, vous ne me donnez que 10 F.
– Excusez-moi docteur, mais vous m'avez dit que j'étais quasiment sourd... alors je n'entends que la moitié. »

*

Au café. *Le poète* : « Voilà deux heures que j'attends l'inspiration.
Le garçon – Vous savez monsieur, les dames sont toujours en retard. »

*

Japonais distrait.
« Regardez ! votre frère jumeau s'est suicidé !
– Fatale erreur ! Je voulais me faire hara-kiri, mais trompé par la ressemblance, je me suis enfoncé le sabre dans son ventre ! »

*

Elle : « Ah ! on peut dire que tu n'as pas inventé la poudre !
Lui – Quand on voit à quoi elle sert, ce n'est plus une insulte, c'est un compliment ! »

*

Tonton l'Agonisant : « Catherine, je sens que ma voix va s'éteindre pour toujours. Veux-tu venir, je te prie, assister à mon agonie ?
– Oui, mon oncle. Commencez sans moi, j'arrive tout de suite. »

*

Les têtes de mort ont toujours l'air de rigoler parce que les morts rient de s'être pris au sérieux de leur vivant.

*

« A propos, avez-vous lu le journal ?
– Non, et vous ?
– Moi non plus.
– Alors qu'en pensez-vous ?
– Rien et vous ?
– Je pense comme vous.
– Bravo ! Je vois que nous avons les mêmes opinions politiques ! »

*

« Comment sont morts mes chers parents ?
– Ton pauvre père est mort étranglé par une arête en mangeant du canard.
– Une arête de canard ?
– Ce canard, fatalité ! avait avalé un poisson dont l'arête était restée plantée dans son croupion, morceau favori de ton père.
– Et ma chère maman ?
– A la mort de ton père elle eut une telle commotion nerveuse, qu'elle changea de sexe en vingt-quatre heures et s'engagea dans la Légion étrangère. »

*

« Vous souvenez-vous de moi ?
– Oui... je crois... Il me semble que vos souliers ne me sont pas inconnus. »

*

« Mon poignet me fait mal à l'articulation.
– Ce n'est rien. Appliquez chaque soir, en compresse, sur le poignet, une ou deux pages d'un cours de diction. C'est excellent pour l'articulation ! »

*

« Voulez-vous une tasse de thé ?
– Non merci. Quand je bois du thé, c'est nerveux, ça me donne l'accent anglais. »

*

Un homme inverti en vaut deux.

*

« J'ai égaré mes lunettes. Si encore je les avais, j'y verrais mieux pour essayer de les retrouver ! »

*

« Bref...
– Ce mot est le plus admirable que je connaisse. A condition que l'on se taise après l'avoir prononcé. »

*

« J'ai débuté en faisant les "chiens écrasés" dans un petit journal.
– Les chiens écrasés ? Pauvres bêtes ! Et il y en a beaucoup d'écrasés ? Et jamais de perroquets ni de poissons rouges ? »

*

« Quelle est la forme de décès qui serait le plus à votre goût ?
– La mort naturelle peut-être... ou de vieillesse.
– Excellente réponse ! Nous disons donc : mort-né. »

*

« Monsieur je suis venu vous demander...
– La main de ma veuve ? Impossible, monsieur, elle est remariée avec un ouvreur de parenthèses. »

*

L'instituteur : « En contemplant avec un dégoût mélangé de tristesse les jeux cruels de la guerre, le doux philosophe doit s'écrier...
L'élève – Passe encore de bâtir, mais planter à cet âge ! »

*

« Modeste ouvrière, c'est aux fonds de culotte que je dus avoir recours pour assurer ma subsistance et celle de Médor, le poisson rouge qui me servait de canari. »

*

« J'étais tellement gris qu'en rentrant chez moi, au lieu de m'enlever les bottines, je me déchaussai toutes les dents. Ah ! je regrette toujours cette folie de jeunesse ! »

CAMICALEMENT VÔTRE

« Monsieur Cami, montez-donc ! Je vais justement chez vous chercher mon numéro du P.C.I. » La rédaction du *Petit Corbillard illustré* était à son domicile. Et Cami, s'installant sur le siège à côté du cocher tout de noir vêtu, arrivait chez lui en corbillard. Un peu gêné tout de même pour sa femme, qui commençait à avoir le cafard en recevant chez elle tous ces croque-morts abonnés.

*

Étant donné que le temps n'est pas pour moi de l'argent, et que l'argent ne fait pas le bonheur, j'ai tout à gagner en perdant mon temps.

*

« Cami !
– Charlot ! »
A leur première rencontre au *Claridge*, Cami et Chaplin tombèrent dans les bras l'un de l'autre et restèrent un long moment sans échanger une parole. Gag imprévu. Ils étaient victimes de la confusion des langues. Cami débitait d'une vitesse vertigineuse un français ignoré de Chaplin, lequel s'était mis à parler à toute allure un anglais dont Cami ne comprenait pas un mot. Ils s'en sortirent en allant aux *Folies-Bergères*.

*

Familier des culs-de-jatte dont il parsemait ses « fantaisies », Cami leur emboîta le pas. Il avait soixante-quatorze ans, on venait de l'amputer d'une jambe.
– Tout va bien, disait-il, depuis ce matin j'ai un pied dans la tombe, et comme je deviens sourd, je n'entendrai pas sonner ma dernière heure.

BIBLIOGRAPHIE

ALPHONSE KARR
Les Guêpes, Menus propos, Trois cents pages, Les Femmes, L'Esprit d'Alphonse Karr, Voyage autour de mon jardin, Le Livre de bord, L'Art d'être heureux, Sous les tilleuls, Grains de bon sens, La Maison close, édition Michel Lévy.

AURÉLIEN SCHOLL
La Farce politique, éd. Victor Havard.
Tableaux vivants, éd. Charpentier-Fasquelle.
Scènes et mensonges parisiens, éd. Calmann-Lévy.
Mémoires du trottoir, éd. E. Dentu.
Peines de cœur, éd. C. Marpon-Flammarion.
Journal des Goncourt, éd. Robert Laffont.
Souvenirs de la vie frivole, d'Abel Hermant, éd. Hachette.
Jules Vallès et Aurélien Scholl, de Tiercellin, éd. Mercure de France.
L'Esprit d'Aurélien Scholl, de Léon Treich, éd. Gallimard.
La Foire aux Artistes, éd. Poulet-Malassis.
Les Scandales du jour, éd. E. Dentu.
L'amour appris sans maître, éd. Calmann-Lévy.
Le Procès de Jésus-Christ, éd. Calmann-Lévy.

GEORGES FEYDEAU
Théâtre complet, éd. du Bélier.

Le Théâtre de Feydeau, d'Henry Gidel, éd. Klinsieck.
Feydeau, d'Henry Gidel, éd. Fammarion.
Georges Feydeau, par Arlette Shenkan, éd. Seghers.

La Dramaturgie de Georges Feydeau, d'Henry Gidel (thèse de 1975 diffusion Honoré Champion, Paris).
Maxim's, de Jean Mauduit, éd. du Rocher.
L'Esprit de Georges Feydeau, de Léon Treich, éd. Gallimard.

CAMI

Quand j'étais jeune fille... mémoires d'un gendarme, éd. Baudinière.
La Machine à aimer, L'Homme à la tête d'épingle, Pour lire sous la douche, Exploits galants du baron de Crac, Dupanloup ou les Prodiges de l'amour, La Famille Rikiki, éd. J.-J. Pauvert.
Vierge quand même, éd. Flammarion.
Les Farfelus, Les Amours de Mathusalem, Les Chevaliers de gai, Le fils des Trois Mousquetaires, Le Jugement Dernier, Les Kidnappés du Panthéon, Pssitt et Pchutt dans le cirque de la vie, Les Mémoires de Dieu le Père, éd. Baudinière.
Voyage inouï de monsieur Rikiki, éd. Ramsay.

Cami, de Raymond Ritter, Pau.
Cami, de Michel Laclos, éd. Seghers.
L'Illustration, 1933-1938 (la semaine camique).

Et aussi :

Dictionnaire de l'humour et du libertinage, de Maurice Maloux, éd. Albin Michel.
Tout l'esprit français, de Jean Delacour, éd. Albin Michel.
Les Chefs-d'œuvre du rire, de Jacques Sternberg, éd. Planète.
Esprit es-tu là ? de Michel Chrestien, éd. Gallimard.
Anthologie des humoristes contemporains, de Pierre Mille, éd. Delagrave.
Le Boulevard, de Jules Bertaut, éd. Flammarion.

TABLE

L'HUMOUR AU CHERCHE MIDI ÉDITEUR

COLLECTION « LE SENS DE L'HUMOUR »

PIERRE DAC
Les Petites Annonces de l'Os à moelle

CHRISTINE DAHMANI
Petit Guide humoristique de la demande d'emploi
« Rires à la lettre »

JAMES DARWEN
Le Meilleur de l'humour anglo-américain

FONT et VAL
Vingt ans de finesse

PHILIPPE HÉRACLÈS
Le Grand Livre de l'humour noir
Illustrations de Kerleroux

Le Petit Macho de poche
Illustrations de Spinga

CHARLES-ARMAND KLEIN
Alphonse Karr prince de l'esprit

PHILIPPE BOUVARD
Riez avec les Grosses Têtes

JEAN RIVOIRE
Vacheries
Dictionnaire des insolences

WOLINSKI
La Morale

COLLECTION « LES MORDUS »

PIEM
Les Mordus du Foot
Les Mordus du Tennis
Les Mordus du Ski
Les Mordus de l'Automobile

COLLECTION « LES 100 MEILLEURS DESSINS »

CHAVAL
Les Cent Meilleurs Dessins

MOSE
Les Meilleurs Dessins

« LA BIBLIOTHÈQUE DU DESSINATEUR »

Petite Encyclopédie du dessin drôle en France
Préface de François Caradec

BOSC
Dessins inédits
Préface de Wolinski

CABU
Les nouveaux beaufs sont arrivés
Préface de Cavanna

CHAVAL
Faites des économies

DUVERDIER
Le Golf de Duverdier

GÉBÉ
Anarchie douce
dessins et textes

JEAN GOURMELIN
Instants d'espace

À la Mémoire de l'humanité

JEAN HIN
Ti Mimite le petit chat

MOSE
Mose à la mer

PIEM
Petits-enfants, grands-parents mode d'emploi

Bonne santé, mode d'emploi
(Prix de l'humour médical)
Au revoir et encore merci

SINÉ
Siné dans Charlie Hebdo
Siné dans Hara-Kiri Hebdo

TETSU
Toutes les mêmes

TREZ
Les Idées Trez noires
(Prix de l'Humour noir)

NICOLAS VIAL
Touchessacome, ou les aventures d'un cadre au mental d'acier

MICHEL GRANGER
La surface corrigée

Imprimé en France par la Société Nouvelle Firmin-Didot
Dépôt légal : octobre 1994
N° d'édition : 345 - N° d'impression : 28471
ISBN : 2-86274-345-3